國家圖書館出版品預行編目資料

清代乾嘉時期的經學與史學／白雪松　著 -- 初版 -- 新北市：
花木蘭文化事業有限公司，2024〔民113〕
目 2+158 面；19×26 公分
（中國學術思想研究輯刊 三九編；第 4 冊）
ISBN 978-626-344-576-5（精裝）
1.CST：乾嘉之學 2.CST：經學 3.CST：史學 4.CST：清代
030.8　　　　　　　　　　　　　　　　　　112022469

ISBN-978-626-344-576-5

9 786263 445765

中國學術思想研究輯刊
三九編　第 四 冊　　　　　　　　ISBN：978-626-344-576-5

清代乾嘉時期的經學與史學

作　　　者	白雪松
主　　　編	林慶彰
總 編 輯	杜潔祥
副總編輯	楊嘉樂
編輯主任	許郁翎
編　　　輯	潘玟靜、蔡正宣　美術編輯　陳逸婷
出　　　版	花木蘭文化事業有限公司
發 行 人	高小娟
聯絡地址	235 新北市中和區中安街七二號十三樓
	電話：02-2923-1455／傳真：02-2923-1452
網　　　址	http://www.huamulan.tw 信箱 service@huamulans.com
印　　　刷	普羅文化出版廣告事業
封面設計	劉開工作室
初　　　版	2024 年 3 月
定　　　價	三九編 23 冊（精裝）新台幣 62,000 元

清代乾嘉時期的經學與史學

白雪松 著

作者簡介

白雪松（1981 年 8 月～），男，河北秦皇島人，中國人民大學歷史學博士，九三學社社員。現為中國國家博物館副研究館員。研究方向為古代教育、古籍文物。參與《中國國家博物館文物藏品定級標準》的修訂、中國國家博物館館藏古籍文物定級、館藏大藏經整理等工作。發表《乾嘉學者〈晉書〉研究論析》、《試析國子監南學的歷史演變》等論文十餘篇，合著《續修國子監志》，參編《明清皇帝講學錄》，參加《中國大百科全書》（第三版）詞條撰稿。

提　要

　　本文在學術史的視野下對清代乾嘉時期的經史關係進行了研究。重點以乾嘉時期三大考據家為例，探討經學對史學的影響。

　　論文共分六章。第一章回顧了傳統經史關係的演變和清初經史關係的趨向，尤其指出乾嘉時期在官方視角中經學的地位高於史學。

　　第二、三、四章分別論述錢大昕、王鳴盛和趙翼的經史之學。分析總結他們經世致用的學術宗旨，由小學入經學、由經學入史學的學術路徑，將治經的方法應用於治史的學術方法，貫穿求真意識的學術精神，具備博通的學術特徵和思維。同時也指出了三者的不同之處。

　　第五章以全祖望的兼治經史、盧文弨的擇善而從、畢沅的倡導經史、章學誠的「六經皆史」、阮元的今古文兼綜等其他乾嘉學者的經史之學作為輔助，展現乾嘉時期經史之學的風貌。

　　第六章歸納乾嘉時期由經入史的宗旨、精神、路徑與方法，探討學術史視野下的經史關係。

　　本文嘗試一定程度上的跳出史學看史學，站在學術史的視野下，以比較和歸納的方法，梳理乾嘉時期的經史關係，認識清人的治學路徑。

緒　論

一、選題主旨及意義

　　乾嘉時期經史考據為學術主流為梁啟超、錢穆以來學界所共識，亦有多家著述涉及乾嘉時期經史考據，然而自是言經學者言經學、言史學者言史學。近年來史學史領域關乎乾嘉歷史考證之著述篇章亦層出不窮，有宏觀研究、亦有個案分析。然而不論其探討史學精神或是史學方法大多皆囿於史學自身之領域，難以跳出其外一窺究竟。清末張之洞於《書目答問》中有言：「由小學入經學者，其經學可信，由經學入史學者，其史學可信」，即如杜維運之《清代史學與史家》也嘗言：「利用治經之方法以治史，亦使清代歷史考據學之方法，趨於精密而新穎。……錢大昕、王鳴盛皆當時第一流之經學家，亦皆用治經之方法以治史。」已然認識到經學對史學之影響，卻均未能展開具體論述，殊為遺憾。針對於此，本文之選題即擬解決如下之問題：

　　一、學界所昌言之乾嘉學術由經入史，究竟怎樣由經入史？經學的道路、方向、精神及方法對史學究竟有著怎樣的影響，史學在哪些具體的方面有所繼承與發展。由此更可明瞭史學的經世致用特徵、實事求是精神、溯本求源細化考證之諸種方法由何而來，即乾嘉史家究竟怎樣將考經的功底用於考史。本文力求用個案做細化分析，選取有代表性的王鳴盛、錢大昕、趙翼這三大考史家從其文字、音韻、訓詁、典章制度、方法、書法、議論等諸多研究方面做經史比較研究。

　　二、嘗試一定程度上的跳出史學看史學。本文的立足點當然還是要站在史學史的立場，但又必須做到一定程度上的跳出史學。這是因為以往的研究未曾

跳出之故。本文選取三大考據家為重點個案，即照顧到偏重史學之立場，以其而論，以往成果多昌言其自幼好讀乙部書之類，重點探討其史學上之貢獻如何，卻未曾想過他們首先是作為經學家而存在。這是乾嘉時代學術大環境所造就，從師承關係與學術交遊來講，他們已無意中從前輩學者那裏繼承了經學的傳統與方法。所以本文同時穿插惠棟、戴震等多名經學家的思想主張以作參照，還將涉及一些主要治經而兼涉史學的學者如阮元等。若非跳出史學，是難以看清史學發展的時代趨勢與脈絡的。

　　三、將對經史關係的考察引入細化分析。以往探討清代的經史關係，不論是從顧炎武以降的經史地位變動，還是章學誠的「六經皆史」，大都是宏觀上的把握或僅就理論思想做內涵分析。本文力求不僅從乾嘉學人的言論、書信、序跋中尋找材料，更要探討其學術傳承與治學成果的實例，在細化分析上從其文字、音韻、訓詁、典章制度、方法、書法、議論等諸多方面做經學與史學的對比。從本文立意的角度來講，像章學誠的「六經皆史」雖然是繞不開的，但它的內涵與意義並不是討論的重點，倒是章氏思想觀念中那些經史共通的因素是值得分析的。

　　四、試圖建構清人由經入史的治學路徑框架。清人治學以治經為本，再入其他各門如史學、子學、文學等。在經史關係上，由經學入史學是總的學術路徑，其下又分治古文經影響到史學重求真與治今文經影響到史學重致用兩條路徑，兩條道路側重雖有不同，歸根結底是為經世致用。

　　本文對乾嘉經史關係的學理探討，不僅是對前人關於乾嘉經學或史學兩方面成果的整合與深化，更有助於史學史研究上對史學自身發展的把握。對於史學自身的宗旨、功用、方法，我們能有更為清醒的認識，同時也有助於我們對當前史學現狀的反思。

　　本文的選題是探討經史關係的全新嘗試與細化研究，選取清代乾嘉時期的經史關係為研究重點，既有益於宏觀總結上的可駕馭性，亦有利於微觀分析上的可操作性。

二、研究現狀分析

　　關於清代乾嘉時期的經史關係，前人的著述並不為多。

　　首先，一些著述從總體上探討清代學術但顯得粗淺而難以細化。大多數的清代學術史、乾嘉史，雖有個案，但還是宏觀的，缺乏關於經史關係的具體實

例例證。開啟山林的即如梁啟超《中國近三百年學術史》、《清代學術概論》、錢穆《中國近三百年學術史》〔註1〕，他們均從大的方面探討學術源流，品評清學得失，這些已為學界所熟知。近些年來，又出有王俊義、黃愛平《清代學術與文化》、郭康松《清代考據學研究》、陳其泰、李廷勇《中國學術通史（清代卷）》、陳祖武、朱彤窗《乾嘉學派研究》、劉墨《乾嘉學術十論》〔註2〕等多部有分量的專著，他們對乾嘉學術的梳理可以說已達到了全面而透徹的地步，清人治學的具體實例也逐漸增多，但關於經學影響史學的例證確殊為難得。當然，他們對於乾嘉學者的學術傳承、思想淵源、流派劃分、治學方法與特點、學術成果等方面的探討還是很值得本文借鑒的。

其次，是經史分開，缺乏整合。治經學的不少，治史學的也不少，對各自的精神、特點、方法、貢獻都有研究，個案也很多，但是未能結合起來。即如前文所舉《清代學術與文化》、《清代考據學研究》、《乾嘉學派研究》等書之所以缺少經史關係的例證，即在於言經學者言經學、言史學者言史學，兩者分開而談。在個案研究上，像施建雄的《王鳴盛學術研究》〔註3〕對王鳴盛的學術傳承及其經學、史學、子學等方面的著述做了詳盡的研究，但這三大塊也是截然分開。方詩銘、周殿傑《錢大昕》，張濤、鄧聲國《錢大昕評傳》，王記錄《錢大昕的史學思想》〔註4〕等書是專門研究錢大昕的專著；杜維運《趙翼傳》，趙興勤《趙翼評傳》，白興華《趙翼史學新探》〔註5〕對趙翼的史學成就和史學思想作了全面研究。這些著作也同樣劃分出了各自的經史界限，並未將經史二者加以整合。當然，這並非是他們的著作主旨和論述重點所在，無可厚非。此外，

〔註1〕梁啟超《中國近三百年學術史》，中華書局，1989 年版；《清代學術概論》，上海古籍出版社，1998 年版；錢穆《中國近三百年學術史》，中華書局，1986 年版。

〔註2〕王俊義、黃愛平《清代學術與文化》，遼寧教育出版社，1993 年版；郭康松《清代考據學研究》，湖北辭書出版社，2001 年版；陳其泰、李廷勇《中國學術通史（清代卷）》，人民出版社，2004 年版；陳祖武、朱彤窗《乾嘉學派研究》，河北人民出版社，2005 年版；劉墨《乾嘉學術十論》，三聯書店，2006 年版。

〔註3〕施建雄《王鳴盛學術研究》，北京：北京中國社會科學出版社，2009。

〔註4〕方詩銘、周殿傑《錢大昕》，上海人民出版社，1986 年版；王記錄《錢大昕的史學思想》，社會科學文獻出版社，2004 年版；張濤、鄧聲國《錢大昕評傳》，南京大學出版社，2006 年版。

〔註5〕杜維運《趙翼傳》，時報文化出版事業公司，1983 年版；趙興勤《趙翼評傳》，南京大學出版社，2002 年版；白興華《趙翼史學新探》，中華書局，2005 年版。

尚有李開《戴震評傳》、《惠棟評傳 附惠周惕、惠士奇評傳》,董蓮池《段玉裁評傳》,陳金陵《洪亮吉評傳》,鮑永軍《史學大師章學誠傳》,吳天任《章實齋的史學》,倉修良、葉建華《章學誠評傳》,周積明《紀昀評傳》,吳量愷《崔述評傳》,陳居淵《焦循 阮元評傳》〔註6〕等多家個案研究值得我們借鑒參考。再加上徐世昌等編纂的《清儒學案》,楊向奎的《清儒學案新編》,陳祖武選的《乾嘉名儒年譜》,陳祖武、朱彤窗主編的《乾嘉學術編年》,支偉成的《清代樸學大師列傳》〔註7〕等書,這些都會為本文梳理乾嘉學術傳承脈絡,探討治學風尚,研究個案專題提供幫助。值得一提的是,杜維運《清代史學與史家》、《清乾嘉時代之史學與史家》對乾嘉時期的史家群體做有個案研究,他已經認識到乾嘉史家「利用治經之方法以治史,亦使清代歷史考據學之方法,趨於精密而新穎。……錢大昕、王鳴盛皆當時第一流之經學家,亦皆用治經之方法以治史。」〔註8〕但著述重點所限,只是對錢大昕以治經學之方法治史學稍作論述,不免粗淺簡略。筆者認為,若沿杜先生指明的道路走下去做一些具體的研究,還會發現很多前人未曾想過的問題,可供發掘的史學空間還是很大的。

再次,是史源方面的追溯不夠。學術精神、治學方法、學理傳承都有師承傳授,有些還很多元、複雜,如錢大昕、王鳴盛等,尋找具體哪些地方大致上受誰影響,尚需一點一滴比對,找出學理上的會通之處。當前學界此種成果匱乏,意識淡薄。羅炳良《18世紀中國史學的理論成就》與《清代乾嘉歷史考證學研究》〔註9〕兩書探討了乾嘉時期史學考證方面的理論、思想及貢獻等,於

〔註6〕 李開《戴震評傳》,南京大學出版社,1992年版;《惠棟評傳 附惠周惕、惠士奇評傳》,南京大學出版社,1997年版;董蓮池《段玉裁評傳》,南京大學出版社,2006年版;陳金陵《洪亮吉評傳》,中國人民大學出版社,1995年版;鮑永軍《史學大師章學誠傳》,浙江人民出版社,2007年版;吳天任《章實齋的史學》,臺灣商務印書館,1979年版;倉修良、葉建華《章學誠評傳》,南京大學出版社,1996年版;周積明《紀昀評傳》,南京大學出版社,1994年版;吳量愷《崔述評傳》,南京大學出版社,2001年版;陳居淵《焦循 阮元評傳》,南京大學出版社,2006年版。

〔註7〕 徐世昌等編纂,沈芝盈、梁連華點校《清儒學案》,中華書局,2008年版;楊向奎《清儒學案新編》,齊魯書社,1985年版;陳祖武選《乾嘉名儒年譜》,北京圖書館出版社,2006年版;陳祖武、朱彤窗主編《乾嘉學術編年》,河北人民出版社,2005年版;支偉成《清代樸學大師列傳》,嶽麓書社,1998年版。

〔註8〕 杜維運《清代史學與史家》,中華書局,1988年版,第7頁。

〔註9〕 羅炳良《18世紀中國史學的理論成就》,北京師範大學出版社,2000年版;《清代乾嘉歷史考證學研究》,北京圖書館出版社,2007年版。

有代表性之史家及其著述皆有分析。難能可貴的是，作者較多的闡發與肯定了乾嘉史家的經世致用思想，認為乾嘉史家鮮明的治學態度，如反對空疏學風，提倡實證等皆有著經世致用之意。此點與前代史家有很大不同，可以說是學術研究走向深入與細化而取得的一種認識上的進步。〔註 10〕何以乾嘉史學考據有著經世之意呢，筆者認為有必要追溯到經學方面，看經學對史學是否有著這樣的影響。當然，在一些具體問題上，近年來也有了較多進展。一是關於乾嘉經史關係的探討。張晶萍《乾嘉史風的經學淵源》與《論乾嘉考據學的經史關係》〔註 11〕是為初步的嘗試，總治學態度、方法、內容幾方面經學對史學的推動。在繞不開的章學誠「六經皆史」問題上文章眾多。王記錄《六經的意義與史學變革》〔註 12〕追溯了章學誠明道經世的史學宗旨、史義理論、變通思想以及「圓而神」的史體主張皆是源自於他對六經的認識與領會，展現了章氏「六經皆史」框架下諸多的經史一致性，對於本文探討章氏觀念中經學對史學的影響啟發良多。張瑞龍《「六經皆史」論與晚清民國經史關係變遷研究》〔註 13〕一文並不是像前人那樣認為章學誠貶經為史，而是認為章學誠提出「六經皆史」的本意是「尊史為經」，抬高史學的地位，使之與「六經」共同成為「道」的載體，這與章氏經史皆器的觀點是相合的。二是關於經世致用的討論一直層出不斷。汪高鑫《論「通經致用」的經學傳統》〔註 14〕概述了歷史上經學的致用特徵，黃愛平《論清代乾嘉時期的經世思潮》〔註 15〕主要從今文經學方面探討了經世主張，暴鴻昌《清代史學經世致用思潮的演變》〔註 16〕也對乾嘉學者的經世主張稍作了鉤沉，羅炳良《經世致用傳統與乾嘉時期的歷史編纂學》〔註 17〕認為乾嘉時期的歷史編纂繼承了清初學者的經世致用思想。對於經世致用

〔註 10〕 過去的諸多史學史著作較普遍的認為乾嘉史家考史而不論世，如李宗侗《中國史學史》、劉節《中國史學史稿》、施丁《中國史學簡史》及 2006 年出版的謝保成主編《中國史學史》等。近年來的諸多有關乾嘉學術的研究卻肯定乾嘉史家的經世致用，除羅著外尚有郭康松《清代考據學研究》，陳其泰、李廷勇《中國學術通史（清代卷）》，向燕南、張越、羅炳良《中國史學史·明清時期》等。

〔註 11〕 《歷史教學問題》1992.05；《湖南教育學院學報》1999.06。

〔註 12〕 《山西師大學報（社會科學版）》2002.10。

〔註 13〕 《中國文化研究》2005 年冬之卷。

〔註 14〕 《安徽大學學報（哲學社會科學版）》2009.03。

〔註 15〕 《中國哲學史》1997 年第 4 期。

〔註 16〕 《中國社會科學院研究生院學報》1991 年第 1 期。

〔註 17〕 《大連大學學報》2009 年第 4 期。

這一經史最高宗旨的追尋，可以說對於本文探討經史的共通性與一致性有著莫大的意義。

三、難點、創新與方法

本文存在的難點是：

（1）筆者不具經學根底。在本文研究的過程中，務須閱讀大量清人的經學著作，篩取有用材料用以比勘，在對前人經學成果的理解上，難免存在誤讀。

（2）文獻材料廣泛繁雜，搜集梳理吃力。乾嘉學術博大精深、成果汗牛充棟，若於本文所涉每一學者皆找出其有代表性之言論與考證實例，工作量甚為艱巨。

（3）選題較宏大，難以駕馭。整個乾嘉時期的學者群體廣大、流派眾多、治學風尚各異，怎樣做到條理分明、中心突出，圍繞本文主旨敘述得主次分明、詳略得當，避免出現繁瑣冗雜或言不及義的情況，尚需摸索。

（4）筆者主觀因素是否會造成分析角度與立場的偏差。關於乾嘉學術的很多方面都有諸多前輩學者論述在前，是否能不受影響甚至挑戰權威，尚無確定把握。

本文預期突破的難題有：

（1）對乾嘉學者學術傳承的梳理。一方面是師徒之間的衣鉢傳授，有經學上的傳承、亦有史學上的傳承，經學上如吳、皖兩派，史學上如錢大昕與李文藻、邵晉涵；另一方面是前輩及學友的影響，如王鳴盛、錢大昕既受前輩經學家之影響、亦受前輩史學家之影響，章學誠受戴震之影響等。兩條線交互穿插，在具體的例證分析上很難說某一學者的某些思想、方法源自於誰。

（2）乾嘉學者治學例證的梳理。對於學者們在治經與治史上的文字、音韻、訓詁、典章制度、方法、書法、議論以及學術宗旨、精神、道路等諸多方面做直接比勘與探討。

（3）求真與致用是否衝突。考據學的興盛是否掩蓋了史學的經世致用作用，史學上的求真與致用是否衝突，需要一定程度地跳出史學看史學。走什麼樣的學術道路會重求真的精神而重考據，什麼樣的道路又重經世重致用。

本文的創新之處有：

（1）尋求處在一個什麼樣的角度與立場探討經史關係。從對史學有根本影響的經學方向入手，探求經史關係，而為了不失卻史學史的立場，則猶重分

析三大考據家。他們既有著經學的功底，走過由治經到治史的學術道路，又在史學上取得了豐碩的成果，以他們為代表，更具典型性與說服力。

（2）經學、史學各方面的學術異同。以三大考據家及一些經學家、史學家的學術事業、思想主張及治學成果來展現，並不僅僅囿於前人的評論。

（3）上升到學術史視野下的經史關係。試圖構架出經史關係下今古文經學影響史學兩條路徑的殊途同歸這一框架。由經入史是大前提，治古文重求真、治今文重經世是兩條路徑，二者宗旨是致用。在漢宋交替演進的學術發展背景下，肯定乾嘉學人對自身學術的定位和經史關係的總結。乾嘉學人用一詞概括乾嘉學術為：經學。這也可看做是乾嘉學術的總特徵。又總結經史關係為經體史用，經以明道，主世道人心，史切人事，做經世致用。

筆者擬採取的研究方法為：

一是比較方法，對所涉學者在考經與考史上精神、方法、議論等方面的對比，不僅有本人治經與治史的對比，亦偶及與經學家治經及其他史家治史的比較。

二是歸納方法，提煉經史異同，以及由經入史的宗旨、精神、路徑與方法等。

第一章　中國傳統經史關係的演變

　　在中國傳統的學術史中，經學與史學歷來作為儒林士子學術視野中的顯學而存在。二者之間的關係源遠流長，基本貫穿整個古代學術史，備受學者們的關注與反思。經學對於史學思想上的影響與主導，史學對於經學義理的驗證，經世宗旨對於經史之學的貫穿，均是學術史中繞不開的話題。這些不僅僅是二者關係的探討，更牽扯到當時那個時代學術發展的走向與特徵。先秦時期的史學先於經學產生，兩漢時目錄學上的史附於經，魏晉至隋唐的史次於經，宋元時期的榮經陋史，一直到明清的「六經皆史」等等，無不體現著歷代學者對於經史之學的省察與反思。這些經久不衰的議題，關乎中國歷代學術的源流與走向，關乎一個時代學術思想的成因與演變，關乎學術方法的養成與學術風氣的特徵，甚至關乎一代學人的命運與性格。所謂一時代有一時代之學術，而經史關係的考察，恰能見證一時代學術之梗概。

一、清以前的傳統經史關係

　　中國古代的史學是先於經學而產生的，春秋後期《春秋》《左傳》的出現便宣告了史學的誕生。戰國時期，莊子將《詩》《書》《禮》《樂》《易》《春秋》這六部經典稱為「六經」，但這並不是後世意義上的經學。先秦時期，可以說由於沒有什麼學科區分，也就沒有什麼經史之分。「六經」能夠成為後世儒家的經典，實是由於孔子對其整理的緣故。而經學的產生，乃是西漢武帝時期的事。

　　漢武帝時期，董仲舒建議：「愚以為諸不在六藝之科、孔子之術者，皆絕其道，勿使並進。」劉徹接受了他的建議而「罷黜百家，獨尊儒術」，並設五

經博士，把儒家的經典尊奉為經。這標誌著中國古代經學的產生。由於經學符合統治者的政治需求，是為官方承認與提倡的唯一正統思想，所以漢代是經學占統治地位的時期。後世學者也往往認為這是史學附於經學的時期，即周予同先生所謂的「史附於經」〔註1〕。西漢末年，劉歆著《七略》將國家圖書分為六藝略、諸子略、詩賦略、兵書略、數術略、方技略七大類。《七略》雖已遺失，但班固著《漢書·藝文志》繼承沿用了這一分類方法。班固將當時的史書如《世本》《戰國策》《楚漢春秋》《秦大臣奏事》《太史公書》《漢著記》等等，都附於六藝略《春秋》經一類。可見那時史學並沒有獨立的地位。究其原因，實在於當時的史書過於希少，不能獨立成部之故。春秋戰國之世，即已「諸侯相兼、史記放絕」〔註2〕，而秦始皇焚書坑儒更是史書的一次浩劫。因為燒得最多的恰恰是史書，所以到了漢代史籍已經所剩無幾。南朝梁的阮孝緒就說：「劉氏之世，史書甚寡，附見《春秋》，誠得其例。」〔註3〕元初馬端臨說：「蓋《春秋》即古史，而《春秋》之後，惟秦漢之事，編帙不多，故不必特立史部。」〔註4〕明代胡應麟也說「史籍甚微，未足成類也。」〔註5〕對這樣的分類，清代乾嘉學者也認為是符合實際情況、是適宜的。錢大昕指出：「是時固無四部之名，而史家亦未別為一類也。」〔註6〕章學誠也說道：「《漢志》不立史部，以史家之言，皆得春秋之一體，……附著《春秋》，最為知所原本。」〔註7〕

為什麼說將史書附屬於《春秋》之下「最為知所原本」呢？那是因為這樣的分類正體現著《春秋》這一經與史書的源流關係。眾所周知，周代列國的史書即普遍稱為「春秋」，「春秋」一詞在人們心目中即代指列國的國史。雖然經過秦火之後只流傳下來一部魯國的春秋，但這部《春秋》足以成為後世編年史書的鼻祖。在經過孔子的刪定而成為儒家經典之後，這部經書與後世史書的淵源關係至深且重。所以漢代學者自然而然地將當時為數不多的史書歸入《春秋》一類。當然，也正是到了漢代，經學盛行而居於統治地位，讀書人也才不

〔註1〕許道勳、沈莉華《周予同論經史關係之演變》，《復旦學報（社會科學版）1998年第1期。

〔註2〕《太史公自序》。

〔註3〕阮孝緒《七錄序》。

〔註4〕馬端臨《文獻通考·經籍考》。

〔註5〕胡應麟《經籍會通》卷二。

〔註6〕錢大昕《補元史藝文志·序》。

〔註7〕章學誠《校讎通義》卷二《鄭樵誤校漢志》。

把《春秋》當做史書，而是當做正統的經學著作來研讀，重視闡發其微言大義。經學正是通過《春秋》一經對史學產生著直觀的影響。司馬遷就說：「夫《春秋》，上明三王之道，下辨人事之紀，別嫌疑，明是非，定猶豫，善善惡惡，賢賢賤不肖，存亡國，繼絕世，補敝起廢，王道之大者也。」〔註8〕可見史書乃是闡發《春秋》意旨的手段，旨在宣揚這些王者之道。漢代《春秋》一經對史學的影響是直接而顯見的，貫穿自漢迄清的整個中國古代史學，後世史書的直書精神、《春秋》筆法、微言大義、明辨善惡等等莫不源出於此。

魏晉南北朝時期，史學取得了長足的發展，私家著史不斷湧現，數量倍增，史書的體裁也趨向多樣化，這就使得史書有足夠的條件獨立成部。曹魏時秘書郎鄭默將宮中經籍整理編目著為《中經》，西晉荀勗又以其為依據著《中經新簿》，將圖書分為甲乙丙丁四部。這是圖書四部分類法的開端，不過那時甲部記六藝和小學，乙部記諸子和兵書，丙部才是史書，丁部是詩賦，史書還排在諸子之後。東晉時著作郎李充編製《晉元帝四部書目》，將乙丙部的書籍對換，史書上升到了僅次於經的地位。南朝梁的阮孝緒著《七錄》雖採用七分法，但史依然是僅次於經的地位。到了唐初修撰的《隋書·經籍志》便確切地將書籍分為經、史、子、集四部，這標誌著四部分類體制的確定，「隋唐以後，敘書目者，大率循經史子集之次」〔註9〕。乾嘉時期三大考據家王鳴盛、錢大昕和趙翼均曾系統考察過經史子集四部分類法的產生過程。趙翼認為荀勗的分類「了先於史，汲書又雜詞賦內，位置俱未免失當」〔註10〕，王鳴盛也認為「惟荀勗稍近理，然子不當先史，詩賦等下忽有《汲冢》，亦不可解。」〔註11〕對此，當今學者許道勳曾經指出，趙翼、王鳴盛等清人乃是忽略了史部剛剛獨立而子部書籍在絕對數量上仍占多數的歷史客觀事實，以及魏晉之際受「正始玄風」影響而出現的「聃、周當路，與尼父爭塗」〔註12〕的局面，故而會有著如此不恰當的認識。〔註13〕

皮錫瑞在《經學歷史》中說「經學盛於漢，漢之亡而經學衰」，認為魏晉時期已是「經學中衰時代」，到了南北朝，更是「經學分立的時代」。可以說，

〔註 8〕《太史公自序》。
〔註 9〕錢大昕《潛研堂文集》卷十三《答問十·經史子集之名何昉》。
〔註10〕趙翼《陔餘叢考》卷二十二《經史子集》。
〔註11〕王鳴盛《十七史商榷》卷六十七《經史子集四部》。
〔註12〕《文心雕龍·論說篇》。
〔註13〕許道勳《論經史關係的演變》，《復旦學報（社會科學版）》1983 年第 2 期。

魏晉南北朝是經學衰微而玄學興盛的時代。雖然史學能夠在這一時期獨立成部，但經學對史學的影響卻不比玄學為多。當時的學術風氣已不再有經學的紮實與勤勉。《三國志》記董昭的上疏云：「竊見當今年少，不復以學問為本，專更以交遊為業。國士不以孝悌清修為首，乃以趨勢遊利為先。」〔註14〕杜恕也說：「今之學者，師商、韓而上法術，競以儒家為迂闊，不周世用。此最風俗之流弊。」〔註15〕在這樣的學術氛圍之下，史學也深受玄談之風的影響，重視人物品評和歷史評論，且歷史評論多有玄化傾向。〔註16〕

隋唐時期，隨著政治上大一統局面的出現，統治者也需要學術思想上維持統一，經學也迎來了它的統一時代。隋至唐初，南北經學流派雜處，以致經義上「彼此互異，學者莫知所從；既失刊定之規，殊乖統一之義。」〔註17〕因此，陸德明著《經典釋文》初步統一了儒家經典的文字音義。之後唐太宗命顏師古考定「五經」，統一「五經」文字，又命孔穎達等人編撰《五經正義》，統一五經注疏。《五經正義》作為官方推出的經學定本，標誌著唐代經學實現統一。隨著唐初統治者主導的經學統一與總結，史學的總結工作也逐步展開。首先，是設立史館編撰前代史書，這便是《梁書》、《陳書》、《北周書》、《北齊書》、《隋書》、《晉書》、《南史》和《北史》等唐初八史。設立史館修史標誌著從唐代確立了官修前朝國史的體制，顯示出統治者對修史工程的重視，也反映出史學地位的提高。其次，是出現了對前代史學進行總結的第一步史學評論著作《史通》，以及開創史書典制體裁集典制史之大成的《通典》。這在史學的發展上兼具總結性與創造性。再次，是湧現出一批經史兼通的學者，像陸德明、孔穎達、顏師古、劉知幾等等。當然，那時的人雖兼通經史，卻很難說有一種通識意識貫穿經史。

在隋唐時期的經史大總結中，《春秋》一經對史書的修撰在指導思想上的影響定型下來。劉知幾說：「夫史之有例，猶國之有法。國無法，則上下靡定，史無例，則是非莫準。昔夫子修經，始發凡例，左氏立傳，顯其區域。科條一辨，彪炳可觀。」又說：「昔夫子修《春秋》，吳楚稱王而仍舊曰子。此則褒貶之大體，為前修之楷式也。」〔註18〕劉知幾強調修史須貫穿《春秋》的褒貶義

〔註14〕《三國志》卷十四《魏志·董昭傳》。
〔註15〕《三國志》卷十六《魏志·杜畿傳》。
〔註16〕汪高鑫《論中國古代的經學與史學》，《寧夏社會科學》2009 年第 1 期。
〔註17〕皮錫瑞《經學歷史·經學統一時代》。
〔註18〕劉知幾《史通》卷四《序例》、《稱謂》。

例，即是堅持了儒家經典在史學思想上的指導作用。

漢代至隋唐，經學對史學的影響大多通過《春秋》起直接的作用，比較直觀而容易把握。如果說這個時期經史關係的演變及人們對經史地位的認識大多表現在目錄學分類之上的話，那麼到了宋代，經史之間的互動及人們的經史認識才真正上升到了學理層次。

到了宋代，經學發生了極大的變動，它融合了佛、道的思辨成果，將其思想納入儒學體系之中，產生了理學。這其中包含程朱理學和陸王心學兩大派。宋代經學對史學發揮影響的主要便是程朱理學。北宋二程建立了以「天理」為最高範疇的本體論體系，認為「理」是世界萬物的本源，並且是絕對的唯一的，而世間的萬物情狀、歷史的治亂興衰便都是「理」的表象。朱熹繼承了二程的理學思想並發揚光大，建立了宋代的理學思想體系。他也試圖將史學納入其理學思想體系之中。與經學的巨大變動相映成趣，史學也取得了極大的發展，出現了《資治通鑒》、《通志》等一大批鴻篇巨製和綱目體、紀事本末體、學案體等一系列史書體裁。宋代成了中國古代史學空前絕後的黃金時期。

這個時期，經學的義理追求主導著史學的歷史意識，經學開始逐步融入史學。一是讀書上的先經後史觀。二程認為，要探求「理」，須「誦詩書，考古今，察物情，揆人事，反覆研究而思索之，求止於至善」〔註19〕，朱熹也認為「凡讀史，不徒要記事迹，須要識其治亂安危興廢存亡之理」〔註20〕，讀史乃是為窮理服務的。朱熹確立了以經為本、先經後史的讀書觀。他認為：「為學之序，為己而後可以及人，達理然後可以制事，故程夫子教人先讀《論》、《孟》，次及諸經，然後看史，其序不可亂也。」〔註21〕即為學首先應培養個人的道德修養，之後在這個基礎之上才能進一步去治國平天下，措之事業。〔註22〕而怎樣提高修養來達到正心誠意呢？這就要在讀史之前，須先通過讀經識得道理才好。因為在他看來「《六經》是三代以上之書，曾經聖人手，全是天理，三代以下文字有得失，然而天理卻在這邊自若也。」〔註23〕所以他告誡呂祖謙「讀書須是以經為本，而後讀史」〔註24〕，又「嘗語學者，

〔註19〕《二程粹言》卷一《論學篇》，中華書局，1985。

〔註20〕《近思錄》卷三《致知》。

〔註21〕《朱子大全》卷三十五《答呂伯恭》。

〔註22〕湯勤福《朱熹的史學思想》，齊魯書社，2000年，第59～61頁。

〔註23〕《朱子語類》卷十一《學五‧讀書法下》，中華書局，1986。

〔註24〕《朱子語類》卷一百二十二《呂伯恭》。

且先讀《論語》、《孟子》，更讀一經，然後看《春秋》，先識得個義理，方可
看《春秋》。」〔註25〕朱熹先經後史的讀書觀是基於程朱理學「格物致知」以
窮理的需求之上的，後世理學雖然衰微，但這一讀書觀卻對後世學者讀書治
學影響深遠，直至清初顧炎武、黃宗羲以及諸多乾嘉史家皆為遵循。二是通
識意識的貫穿經史。宋代理學可以說是一個開放的思想體系，它可以融會佛
道的邏輯思辨觀念來為儒學所用，為了窮得義理則須海納百家，貫通古今，
這種會通的思維意識引入史學便自覺地發揮作用，《資治通鑑》、《通志》等通
史著作也便前後峰起。司馬光為尋求資治，將眼光投放到整個歷史考察歷代
王朝的興廢沿革，恰是他「治亂之原，古今同體」〔註26〕的通識意識在起作
用。所以馬端臨評價道：「班孟堅而後，斷代為史，無會通因仍之道，讀者病
之，至司馬溫公作《通鑑》，取千三百餘年之事蹟，十七史之紀述，萃為一書，
然後學者開卷之餘，古今咸在。」〔註27〕南宋鄭樵著《通志》開篇即說：「百
川異趣，必會於海，然後九洲無浸淫之患；萬國殊途，必通諸夏，然後八荒
無雍滯之憂；會通之義大矣哉！」〔註28〕可見對會通意識的讚賞。他在史學
認識上也高度評價採用通史體裁的司馬遷，而力加貶抑採用斷代史體的班
固。三是天理決定論支配的綱常名教觀和正統史觀。程朱理學將「理」作為
宇宙萬物的本體，認為天理決定著人類歷史的興衰變化，而天理落實到人類
社會中就表現為綱常名教。朱熹就說：「宇宙之間，一理而已，……其張之為
三綱，其紀之為五常，蓋皆此理之流行，無所適而不在。」〔註29〕孔子修《春
秋》意在尊王，放在理學思想體系中闡發就是尊君抑臣、絕對忠孝的觀念。
這種理學觀念已完全滲透到修史主旨之中去，而歷史評論也以天理為標準。
司馬光修《資治通鑑》是為了給統治者提供借鑑，而他認為天子最大的職責
便是維持「貴以臨賤，賤以承貴」的君臣綱常名分等級制度，只有名分確定
才能「上下相保而國家治安」〔註30〕。朱熹著《資治通鑑綱目》則更是明辨
倫理綱常，「義正而法嚴，辭核而旨深，陶熔歷代之偏駁，會歸一理之純粹」
〔註31〕。就連鄭樵也說，作《諡略》乃是為了「使百代之下，為人臣為人子

〔註25〕《近思錄》卷三《致知》。
〔註26〕《傳家集》卷十七《進通鑑表》。
〔註27〕《文獻通考序》。
〔註28〕《通志‧總序》。
〔註29〕《朱子大全》卷七十《讀大紀》。
〔註30〕《資治通鑑》卷一《周紀一》。
〔註31〕李方子《資治通鑑綱目序》。

者，知尊君嚴父，奉亡如存，不敢以輕重之意行乎其間，以傷名教者也。」
〔註32〕不僅是修史主旨，史學評論也貫徹了維護綱常的觀念。歐陽修就說：
「紂雖無道，天子也；天子在上，諸侯不稱臣而稱王，是僭叛之國也」〔註33〕。
為了維護綱常名教，鼓吹王道，就要凸顯正統。朱熹便將正統論作為史書編
纂的根本綱領，為達到正名分的目的，其《通鑒綱目》就嚴分正閏，不承認
王莽政權，三國尊蜀國為正統。他的正統論也正是建立在其理學思想基礎之
上。〔註34〕此外，像范祖禹《唐鑒》不以武則天為正統，司馬光為曹魏爭正
統，皆是正統論在史學領域的反映。四是以《春秋》義例為指導的史書褒貶
書法。在程朱理學的支配之下，史書修撰的《春秋》義例被提高到前所未有
的高度，成為必須遵循的法則。因為世間萬物皆受天理支配，而六經乃是天
理的代表，而宋儒認為《春秋》經孔子筆削，每一字皆有深意，所以《春秋》
一經中所展現的褒貶書法、微言大義等便都是彰顯天理的手段，理應為後人
所遵循。在《春秋》書法的影響之下，直接導致了宋代史書修撰中義例之學
的確立。最為典型的亦當屬朱熹《資治通鑒綱目》，一概遵循《春秋》一字定
褒貶的書法。

　　正是經歷了經學向史學融會的這麼一個過程，到了元代人們對經史關係
的認識才有了深化。胡三省云：「世之論者率曰：『經以載道，史以記事，史與
經不可同日語也』，夫道無不在，散於事為之間。因事之得失成敗，可以知道
之萬世亡弊，史可少歟？」〔註35〕郝經也說：「第以昔之經，而律今之史可也；
以今之史，而正於經可也。若乃治經而不治史，則知理而不知跡；治史而不治
經，則知跡而不知理。苟能一之，則無害於分也。」〔註36〕顯然，他們將經比
之道，將史比之器，因器可以求道，明道可以知理，已經認識到道與器不可分
而相互依存的關係。

　　在經歷了宋代的融經入史和元代對經史關係認識深化的基礎之上，明代
的經史關係認識終於取得了理論上的突破，上升到了「六經皆史」的高度。其
代表人物便是王陽明、王世貞與李贄。

　　關於「六經皆史」的認識，最早可以追溯到隋末的王通，他曾提出過《尚

〔註32〕　《通志‧證略序論第一》。
〔註33〕　《歐陽文忠公全集》卷十八《泰誓論》。
〔註34〕　湯勤福《朱熹的史學思想》，158～165頁。
〔註35〕　胡三省《新注資治通鑒序》。
〔註36〕　《陵川集》卷十九《經史》，上海古籍出版社影印《四庫全書》本。

書》、《詩經》、《春秋》這三經「同出於史」〔註37〕的觀點。而真正第一次明確提出「五經亦史」觀點的卻是到了明中葉的王陽明。他曾教導弟子：「以事言謂之史，以道言謂之經；事即道，道即事；《春秋》亦經，五經亦史；《易》是包栖氏之史，《書》是堯舜以下史，《禮》、《樂》是三代史，其事同，其道同，安有所謂異？」這裡的「五經亦史」，即是後世的「六經皆史」。他又說：「五經亦只是史，史以明善惡，示訓戒；善可為訓者，特存其跡以示法；惡可為戒者，存其戒而削其事以杜奸。」〔註38〕王陽明從理事、道器的哲學高度概括經史關係，受其影響，明後期的王世貞進一步闡發：「經載道者也，史紀事者也；以紀事之書較載道之書，孰要？人必曰經為載道之書，則要者屬經，如是遂將去史弗務，嗟乎！智愈智，愚愈愚，智人之所以為智，愚人之所以為愚，其皆出於此乎？」〔註39〕又說：「天地間無非史而已。……六經，史之言理者也；曰編年、曰本紀、曰志、曰表、曰書、曰世家、曰列傳，史之正文也；曰敘、曰記、曰碑、曰碣、曰銘、曰述，史之變文也；曰訓、曰誥、曰命、曰冊、曰詔、曰令、曰教、曰劄、曰上書、曰封事、曰疏、曰表、曰啟、曰箋、曰彈事、曰奏記、曰檄、曰露布、曰移、曰駁、曰諭、曰尺牘，史之用也；曰論、曰辨、曰說、曰解、曰難、曰議，史之實也；曰贊、曰頌、曰箴、曰哀、曰誄、曰悲，史之華也。」〔註40〕他不僅繼承了王陽明的理事、道器合一說，認為世人的智愚直接取決於此，還將經書包含於史書之中，認為史的作用即在於「史不傳則道沒，史即傳則道亦由之而傳」〔註41〕，絲毫不比經差。李贄雖然是公認的具有「異端」思想的人物，但對經史關係的論述也同樣如此：「經史一物也。史而不經，則為穢史，何以垂戒鑒乎？經而不史，則為說白話矣，何以彰事實乎？故《春秋》一經，春秋一時之史也。《詩經》、《書經》，二帝三王以來之史也。而《易經》則又示人以經之所自出，史之所從來，為道屢遷，變易匪常，不可以一定執也，故謂六經皆史可也。」〔註42〕在此，李贄至少在字面上第一次提出了「六經皆史」

〔註37〕《文中子·中說》卷一《王道》。

〔註38〕《王陽明全集》卷一《傳習錄》，上海古籍出版社，1992，第10頁。

〔註39〕王世貞《綱鑑會纂序》，《王鳳洲綱鑑會纂》，清光緒二十九年（1903）上海經香閣石印本。

〔註40〕王世貞《弇州山人四部稿》卷一百四十四《藝苑卮言》，明萬曆五年（1577）王氏世經堂刻本。

〔註41〕王世貞《綱鑑會纂序》。

〔註42〕李贄《焚書》卷五《經史相為表裡》。

的說法。

明代學者對於經史關係的認識可也從以下幾個方面來理解：一是將理事、道器的哲學思想作為經史關係的理論基礎，這樣就能將經與史高度統一起來。〔註43〕他們認為抽象的真理與具體的經驗是相互依存不可分割的，載道的經與記事的史同樣重要。二是一定程度上的貶低經的地位，認為經即是史，將其納入史的範疇之中。這恰是針對的程朱理學對經的神化，認為經具有無所不能的功能，而王陽明將「六經」視為「致良知」的工具，王世貞、李贄繼承了王學的這一積極因素。他們的認識不僅提高了史學的地位，更顯示出明代史學已一定程度上擺脫了經學的籠罩。

當然，「六經皆史」的提出，順應了明代社會與學術的發展需求。明代中期以降，南方的商品經濟迅速發展，資本主義萌芽出現，新興的市民階層逐步形成。王陽明的心學能夠適應人們生活方式和社會風氣的變化，故而能夠興起。王學倡導的「致良知」強調以心為主體，就在客觀上激發了人的主體性，擺脫了程朱理學的天理束縛。這種擺脫帶來了思想界的活躍，使人們能夠大膽地將經的地位拉下來，提出「六經皆史」。像李贄自幼生長在貿易發達、宗教雜處的泉州，繼承了父親的任俠與倔強，使得他能夠快速地接受王學，從而成就他獨具一格的思想。〔註44〕王世貞經史同等重要的主張使人們認識到讀史的必要性，這就一定程度上針對了宋明以來空談心性的學風陋習，為學術向經世致用轉變和實學的興起做了鋪墊。明代的「六經皆史」無疑是清代章學誠「六經皆史」的先導。

二、清初經史關係的趨向

清初經史關係的趨向可以說開啟了乾嘉由經入史的先河，而主導這一趨向的，無疑是顧炎武與黃宗羲。

作為清代學術的開山，顧炎武可以說引領了明末清初的學風轉變，由理學轉向反理學，重視實學，倡導經世致用，在這樣的學術大環境之下，顧炎武治學中所展現出來的經史關係，也服務於這種學風的轉變。首先，倡導博通經史。顧炎武在反思明亡歷史教訓中很重要的一條，是認為宋明以來陸王心學「以明

〔註43〕相關論述可參看向燕南《從「榮經陋史」到「六經皆史」──宋明經史關係說的演化及意義之探討》一文，《史學理論研究》2001 年第 4 期。
〔註44〕任冠文《李贄史學思想研究》，廣西師範大學出版社，1999 年，96～105 頁。

心見性之空言，代修己治人之實學」〔註45〕，導致學術上束書不觀、坐擁空談的空疏流弊。對此，顧氏提出「博學於文」的命題。他認為「自一身以至於天下國家，皆學之事也」〔註46〕，所以博學於文的範圍是十分廣泛的，「君子博學於文，自身而至於家國天下，制之為度數，發之為音容，莫非文也。」〔註47〕既然一切經天緯地的學問都是文，那麼在讀書上就要做到「士當求實學，凡天文、地理、兵農、水土，及一代典章之故，不可不熟究」〔註48〕。正是在這一命題的指導下，他在強調博覽群籍的時候，主張會通經史。他認為儒家經典必須反覆誦讀，並且要連歷代的注疏一起讀，在讀經的同時也必須重視讀史，主張通讀《二十一史》、《資治通鑒》等。而在他治學的學術規模上，即開創了清初之學的宏大氣象。他於經義、史學、文字、音韻、訓詁、金石、考古、天文、曆算、輿地、軍事等各方面都為清學做出了開拓。他的弟子潘耒即說他「綜貫百家，上下千載，詳考其得失之故，而斷之於心，筆之於書，朝章、國典、民風、土俗，元元本本，無不洞悉，其術足以匡時，其言足以救世，是謂通儒之學。」〔註49〕顧氏之學的這種博通意識，切實地對乾嘉學術產生了很大影響，可以說是乾嘉學壇會通學風的先導。乾嘉學壇，博通之儒比比皆是，惠士奇「博通六藝、九經、諸子及《史》、《漢》、《三國志》，皆能闇誦」；惠棟「自經、史、諸子、百家、雜說及釋道二藏，靡不穿穴」〔註50〕；錢大昕「不專治一經而無經不通，不專攻一藝而無藝不精……學究天人，博綜群籍，自開國以來，蔚然一代儒宗也。」〔註51〕此外，像戴震、王鳴盛、汪中、焦循等各流派學術的代表人物，藉以博學多聞飲譽學界。乾嘉學術博通經史的學風，正是承接顧炎武而來。

其次，確定了經史之學經世致用的治學宗旨及由稽古通經、致明道救世、以達於經世致用的學術總路線。顧炎武曾反思空談心性的王學對於明亡的教訓，指出「昔之清談談老莊，今之清談談孔孟。未得其精，而已遺其粗；未究

〔註45〕顧炎武《日知錄》卷七《夫子之言性與天道》，《日知錄集釋》第 240 頁，嶽麓書社 1994。

〔註46〕顧炎武《與友人論學書》，《顧亭林詩文集》第 41 頁。中華書局，1959。

〔註47〕顧炎武《日知錄》卷七《博學於文》，《日知錄集釋》第 241 頁。

〔註48〕顧炎武《三朝紀事闕文序》，《顧亭林詩文集》第 155 頁。中華書局，1959。

〔註49〕潘耒《日知錄序》。

〔註50〕江藩《國朝漢學師承記》卷二。

〔註51〕江藩《國朝漢學師承記》卷三。

其本，而先辭其末。不習六藝之文，不考百王之典，不綜當代之務，……以明心見性之空言，代修己治人之實學。股肱惰而萬事荒，爪牙亡而四國亂，神州蕩覆，宗社丘墟。」〔註52〕又「竊歎夫百餘年以來之為學者，往往言心言性，而茫乎不得其解也。」〔註53〕經過對明末學風的反思，顧炎武感到必須發揚實學，學術的宗旨必須是經世致用，學術不僅僅要能修養身心，更要達於經世濟國的政事。所以他一生皆是本著「明學術，正人心，撥亂世，以興太平之事」〔註54〕的宗旨來治學，「凡文之不關於六經之指、當世之務者，一切不為。」〔註55〕這一宗旨，貫穿著顧氏的經史之學。在治經中，突出地表現在他以求實致用的精神來考論《春秋》經傳，他說：「夫《春秋》之作，言焉而已，而謂之行事者，天下後世用以治人之書，將欲謂之空言而不可也。」〔註56〕在治史中，他重視總結歷史的經驗教訓，認為「夫史書之作，鑒往所以訓今」〔註57〕，「引古籌今，亦吾儒經世之用」〔註58〕。他「感四國之多虞，恥經生之寡術，於是歷覽二十一史以及天下郡縣志書，一代名公文集，間及章奏文冊之類，有得即錄」〔註59〕，由此而成《天下郡國利病書》。在確立了治學宗旨的基礎上，顧炎武更是為清學指明了由稽古通經、致明道救世、以達於經世致用的學術總路線。顧炎武認為，欲達經世致用之旨，則首先要做到稽古通經。在他看來，經學的回歸與復興，不僅僅是反對空疏學風、要務本原之實學的需要，也有著從儒家經典中尋求聖人濟世良方的目的。經書乃載道之器，是禮樂德刑、文治教化之本，故而稽古可以通經，通經的目的是為明道，明道才能救世，由此經術即可經世。所以他說：「君子之為學，以明道也，以救世也。徒以詩文而已，所謂『雕蟲篆刻』，亦何益哉！」〔註60〕又說：「文之不可絕於天地間者，曰明道也，紀政事也，察民隱也，樂道人之善也。若此者，有益於天下，有益於將來，多一篇，多一篇之益矣。若夫怪力亂神之事，無稽之言、剿襲之說、諛佞之文，若此者，有損於己，無益於人，多

〔註52〕顧炎武《日知錄》卷七《夫子之言性與天道》。
〔註53〕顧炎武《與友人論學書》。
〔註54〕顧炎武《日知錄初刻自序》。
〔註55〕《亭林文集》卷四《與人書三》。
〔註56〕《亭林文集》卷四《與人書三》。
〔註57〕《答徐甥公肅書》，《顧亭林詩文集》第138頁。中華書局，1959。
〔註58〕《亭林文集》卷四《與人書八》。
〔註59〕顧炎武《天下郡國利病書序》。
〔註60〕《亭林文集》卷四《與人書二十五》。

一篇，多一篇之損矣。」〔註61〕這樣，他便將學術與政事時務聯繫在一起。為了銘記空疏學風對明亡危害的教訓，為了能為改革時弊提供借鑒，為了有一天「有王者起，將以見諸行事，以躋斯世於治古之隆」〔註62〕，就必須走這條由稽古通經以致明道救世的路線。顧炎武確立的治學宗旨與開闢的學術路線，也為乾嘉諸儒繼承且崇奉。戴震「抱經世之才，其論治以富民為本。」〔註63〕錢大昕認為「儒者之學在乎明體以致用，詩書執禮皆經世之言也。」〔註64〕汪中自謂「中少日問學，實私淑諸顧寧人處士，故嘗推之六經之旨，以合於世用。」〔註65〕凡此種種，不絕於縷。

再次，開創了由小學入經學，由經學入史學的治學路徑。由小學入經學可以說正是稽古以明經的過程。為了通經，就須明辨經學源流，顧炎武認為，「經學自有源流，自漢而六朝而唐而宋，必一一考究，而後及於近儒之所著，然後可以知其異同離合之指，如論字者必本於《說文》，未有據隸楷而論古文者也。」〔註66〕為了明辨源流，為了讀懂經書，則須先通曉音韻文字的變化。因為經過上千年的流傳演變，經書中的文字及讀音已經不再是殷商周秦時的原貌，他指出：「三代六經之音，失其傳也久矣，其文之存於世者，多後人所不能通，以其不能通，而輒以今世之音改之，於是乎有改經之病。始自唐明皇改《尚書》，而後人往往效之，然猶曰：舊為某，今改為某，則其本文猶在也。至於近日錄本盛行，而凡先秦以下之書率臆徑改，不復言其舊為某，則古人之音亡而文亦亡，此尤可歎者也。」〔註67〕為此他提出治學當「讀九經自考文始，考文自知音始，以至諸子百家之書，亦莫不然。」〔註68〕他要恢復漢學的治學傳統，嘗說：「古之教人，必先小學。小學之書，聲音文字是也。」〔註69〕在治學實踐中，他纂輯三十年，凡五易稿，撰成《音學五書》，「自是而六經之文乃可讀，其他諸子之書，離合有之，而不甚遠也。」〔註70〕在研治小學的過程中，顧炎

〔註61〕《日知錄》卷十九《文須有益於天下》。

〔註62〕顧炎武《日知錄初刻自序》。

〔註63〕洪榜《戴先生行狀》，《戴震文集》，第259頁，中華書局，1980。

〔註64〕《潛研堂文集》卷二十五《世緯序》。

〔註65〕汪中《述學別錄》，《與巡撫畢侍郎書》。

〔註66〕《亭林文集》卷四《與人書四》。

〔註67〕《亭林文集》卷四《答李子德書》。

〔註68〕《亭林文集》卷四《答李子德書》。

〔註69〕《日知錄》卷四《昌歜》。

〔註70〕《音學五書序》。

武運用的最基本方法是務實的歸納法。他研求一字之音義，須遍考載籍，驗遍古韻，必須充分搜集資料，比勘鉤稽，來為結論提供佐證。他著《詩本音》「即本經所用之音，互相參考，證以他書，明古音原作是讀……南宋以來，隨意叶讀之謬論，至此始一一廓清，厥功甚鉅。」〔註71〕他不僅將小學及此法引入經學研究，而且又將二者及治經宗旨從經學引入史學研究。他在研讀歷史文獻時說：「史書之文中有誤字，要當旁證以求其是，不必曲為之說。」〔註72〕在考證歷代風俗、典章制度時，更是「有一疑義，反覆參考，必歸於至當；有一獨見，援古證今，必暢其說而後止。」〔註73〕顧炎武所開闢的這條由小學入經學、由經學入史學的治學路徑，給有清一代學術帶來重大影響，乾嘉時期的學者也都是沿著他的路數，從考辨文字音韻入手以通經學，再將治經的方法擴展到治史。在此我們也應看到，顧氏開創的由小學入經學、由經學入史學的學術路徑，乃是服務於通經、明道、救世的學術總路線的，是為了經世致用的宗旨而設。而要確保不偏離這條學術路徑，恢復六經的原義與權威，就要強調以漢儒為師，「六經之所傳，訓詁為之主，仲尼貴多聞，漢人猶近古。」〔註74〕治經須重視鄭玄的注，「讀書未到康成處，安敢言談議漢儒。」〔註75〕治小學須重視許慎的《說文》，「自隸書以來，其能發明六書之指，使三代之文尚存於今日，而得以識古人制作之本者，許叔重《說文》之功為大，後之學者一點一畫莫不奉之為規矩。」〔註76〕這種經學重鄭注，小學重《說文》的治學態度，發展到後來，深刻地影響到乾嘉學者以漢儒為宗主的意識，以致形成一整套「家法」而傳承，成為由小學入經學、由經學入史學的保障。此點後文當詳論之。

　　梁啟超曾說：「亭林的著述，若論專精完整，自然比不上後人。若論方面之多，氣象規模之大，則乾嘉諸老，恐無人能出其右。要而論之，清代許多學術，都由亭林發其端，而後人衍其緒。」〔註77〕錢穆先生也說：「治音韻為通經之鑰，而通經為明道之資。明道即所以救世，亭林之意如是。乾嘉考證學，即本此推衍，以考文、知音之工夫治經，即以治經工夫為明道，誠可謂得亭林

〔註71〕《四庫提要》卷四二經部小學類三。
〔註72〕《日知錄》卷二十七《漢書注》。
〔註73〕潘耒《日知錄序》。
〔註74〕《亭林詩集》卷四《述古》。
〔註75〕《菰中隨筆》卷三。
〔註76〕《日知錄》卷二一《說文》。
〔註77〕梁啟超《中國近三百年學術史》，東方出版社，1996。

宗傳。……亭林治音學之根本方法，亦即乾嘉考證學一最重要方法也。……亭林之治音學，其用思從明其先後之流變而入，其立說在博求多方之證佐而定。此二者皆為以後乾嘉考證學最要法門。」〔註78〕顧炎武在清初所主導的經史趨向對後世尤其是乾嘉學術的影響至深且鉅，誠可謂薪火相傳。

與顧炎武同時，開闢浙東學術經史傳統的恰是黃宗羲。「世推顧亭林氏為開國儒宗，然自是浙西之學。不知同時有黃梨洲氏，出於浙東，雖與顧氏並峙，而上宗王、劉，下開二萬，較之顧氏，源遠而流長矣。」〔註79〕黃氏的浙東之學雖與顧氏並峙而立、獨傳一脈，但在經史傳統上，卻甚為相同或相類。這或許是二者皆致力於明末清初學風向實學轉變的關係。

首先，黃宗羲在讀書上也講究經史貫通。「公謂明人講學，襲語錄之糟粕，不以六經為根柢，束書而從事於遊談，故受業者必先窮經，經術所以經世，方不為迂儒之學，故兼令讀史。」〔註80〕所不同的，是黃宗羲貴獨斷之學，是要在博的前提下，由博求約。其次，黃宗羲也強調治學宗旨在經世致用。他不僅講「經術所以經世」，也嘗言「二十一史所載，凡經世之業，亦無不備矣。」〔註81〕黃氏的倡導經世，從根本上改變了浙東學風，從蹈虛走向務實。即如全祖望所言：「先生當日講學，頗多疑議之者，雖平湖陸清獻公尚不免，不知自明中葉以後，講學之風已為極敝，高談性命，直入禪障，束書不觀，其稍平者，則為學究，皆無根之徒耳。先生始謂學必原本於經術，而後不為蹈虛，必證明於史籍，而後足以應務，元元本本，可據可依，前此講堂痼疾，為之一變。」〔註82〕此外，「學必原本於經術……必證明於史籍」也顯示出黃宗羲倡導要引史證經，要以史的記載證明經的觀點，以史的事實糾正經的失誤。即如章學誠指出的：「浙東之學，言性命者必究於史，此其所以卓也。」〔註83〕對於黃宗羲所確立的浙東經史傳統如何在浙東後學身上所體現，蔣國保先生在「貴專家」、「言性命必究於史」及「經術史裁」三個方面予以了說明〔註84〕，此不贅述。

〔註78〕錢穆《中國近三百年學術史》，第 134～135 頁，中華書局，1986。

〔註79〕章學誠《文史通義》卷五《浙東學術》。

〔註80〕全祖望《梨洲先生神道碑文》。

〔註81〕《補歷代史表序》，《黃梨洲文集》第 316 頁，中華書局，1959。

〔註82〕全祖望《甬上證人書院記》。

〔註83〕章學誠《文史通義》卷五《浙東學術》。

〔註84〕蔣國保《黃宗羲與浙東經史學術傳統的確立》，《杭州師範學院學報（社會科學版）》，2006 年第 2 期。

回顧傳統的經史關係，對於後文探討乾嘉時期的由經入史很有必要。屆時可以看出，乾嘉經史關係中的很多原則或傾向皆是由傳統中來，它們藉由乾嘉學者的提倡和一代代學者的遵守而最終能夠成為學術上的準則。這其中尤其與清初的經史趨向淵源甚深，顧、黃的治學習慣或主張有很多都直接影響著乾嘉學者而為他們所承接。

三、乾嘉時期的官方經學地位略析

在中國皇權社會，經學一直是核心的意識形態，一直佔據著正統思想的地位，從漢武帝獨尊儒術直至清末，儒家經學對鞏固和延續集權統治起著很大的作用。同樣，清代的統治者為建立自己的統治思想也提倡經學。官方意識形態的導向，對於讀書士子心目中經史地位的影響至關重要。所以，為了充分估計乾嘉時期的經史地位，有必要對經學在官方眼中的地位做一番瞭解。

清初時期，統治者即認識到經學對於主導意識形態方向的重要性，將程朱之學推為「正學」，重視儒家經籍的編纂。乾嘉時期，我們更能從清廷敦崇經學的諸多措施看出經學在官方眼中的重要性。

首先，最高統治者往往直接下詔並躬身實踐倡導讀經。乾隆二年，令儒臣奏呈經史，勿需避忌，切望「披覽之下，近之有助於正心誠意，推之有益於國是民生。」〔註85〕乾隆三年，勸諭士子「士人以品行為先，學問以經義為重」，並敦促士子「究心經學，以為明道經世之本。」〔註86〕從乾隆三年即開始，高宗即在宮廷舉行經筵講學。高宗自謂「夙承庭訓，典學維殷，御極以來，勤思治要」，為顯示統治的合法性並尋求政治智慧，「命翰林科道諸臣，繕進經史，格言正論，無日不陳於前。」〔註87〕此後經常於春季或秋季舉行這一活動，為「研究經術，闡明義理」〔註88〕，屢次令儒臣進講經史。

其次，官方組織編纂儒家經典。乾隆元年，「朕思五經乃政教之原，而《禮經》更切於人倫日用，傳所謂經緯萬端，規矩無所不貫者也。」〔註89〕命開館修《三禮義疏》。同日，又命編選《四書》文，弛坊間刻文之禁。乾隆十五年，清廷從御史王應綵之請，下令尋訪經師遺著。乾隆十六年，令儒臣將孫嘉淦所

〔註85〕《高宗實錄》卷五八乾隆二年十二月戊戌條。
〔註86〕《高宗實錄》卷七九乾隆三年十月辛丑條。
〔註87〕《高宗實錄》卷六十乾隆三年正月癸亥條。
〔註88〕《高宗實錄》卷二七七乾隆十一年十月丙戌條。
〔註89〕《高宗實錄》卷二一乾隆元年六月己卯條。

進《詩經補注》薈萃成編。乾隆二十三年，官修《春秋直解》成，乾隆撰序大為吹捧道：「中古之書，莫大於《春秋》。推其教，不越乎屬辭比事，而原夫成書之始，即游、夏不能贊一辭。蓋辭不待贊也，彼南史董狐，世稱古之遺直，矧以大聖人就魯史之舊，用筆削以正褒貶，不過據事直書，而義自為比屬。」〔註90〕鼓勵人們治經當求直解，而不可曲說離經。乾隆五十九年，刊訂《通志堂經解》頒發各省，意在「闡揚經義，甄別黨私」〔註91〕。對於編選經書有功之人，清廷予以嘉獎，乾隆五十八年就嘉獎安徽巡撫朱珪所輯「御製說經古文」。對於民間編選的經書，清廷嚴禁私自刪節。乾隆五十七年，高宗就曾指斥山東學政翁方綱姑息坊賈刪節經書陋習：「經籍俱經孔子刪定，豈容後人更復妄有刪節！」〔註92〕五十八年又再次下詔查禁刪本經書，號稱「整飭士風，崇尚實學」〔註93〕。

再次，對於經籍教本進行甄別擇定。乾隆元年，清廷下令「頒發《十三經》、《二十一史》各一部，於各省會府學中，令督撫刊印，分給府州縣學。」〔註94〕之後不久又「頒聖祖仁皇帝御製《周易折衷》、《性理精義》、《朱子全書》，欽定《尚書傳說彙纂》、《詩經傳說彙纂》、《春秋傳說彙纂》，各書十六部，儲於太學，刊示諸生。」〔註95〕這樣，學校中的讀書士子們就有條件讀到這些經書了。乾隆九年，直隸總督奏請刷印康熙間官修諸經疏解，受到高宗嘉獎。〔註96〕這一年，清廷又重申「教官月課，宜重經史」，將已經頒發諸書「及《性理》、《通鑑綱目》，並將次告成之《三禮義疏》諸書，令各省督撫藩臬多行刷印，給發每學二部，以供士子抄誦。教官每月面課，《四書》文外，兼課經史。」〔註97〕經史教育即納入學校課程，在制度上保障士子必須讀經。乾隆十二年，清廷重刻《十三經注疏》，《二十一史》，乾隆親自為之撰序，「嘉與海內學者，篤志研經，敦崇實學，庶幾經義明而儒術正，儒術正而人才昌。」〔註98〕乾隆十六年，又對南巡所至的江浙之地各大書院像「江寧之鍾山書院，蘇州之紫陽

〔註90〕《高宗實錄》卷五六八乾隆二十三年八月丁卯條。
〔註91〕《高宗實錄》卷一四五零乾隆五十九年四月壬戌條。
〔註92〕《高宗實錄》卷一四零七乾隆五十七年六月癸巳條。
〔註93〕《高宗實錄》卷一四二四乾隆五十八年三月丙午條。
〔註94〕《高宗實錄》卷一四乾隆元年三月丁未條。
〔註95〕《高宗實錄》卷一五乾隆元年三月戊戌條。
〔註96〕《高宗實錄》卷二一九乾隆九年六月丁卯條。
〔註97〕《高宗實錄》卷二二六乾隆九年十月甲寅條。
〔註98〕《高宗實錄》卷二八六乾隆十二年三月丙申條。

書院，杭州之敷文書院，各賜武英殿新刊《十三經》、《二十二史》一部，資髦士稽古之學。」〔註99〕這顯然是在為教授士子的學者們提供經學原典。

　　復次，科考逐步加試經解。高宗認為：「從來經學盛則人才多，人才多則俗化茂。稽諸史冊，成效昭然。」要「勸課實學，則莫要於宣揚聖教，以立士子之根柢。」經學即是促進實學、培養人才重要學問，所以在乾隆元年四月即命各省學臣「確訪生童中有誦讀御纂諸經者，或專一經，或兼他經，著開名冊報。」〔註100〕乾隆四年，準陝西學政奏，提倡童生習經學，「童生中有能背誦《五經》，兼通講貫者，量行取進。」〔註101〕又準山東學政奏，以「通經致用」獎掖士子，令「拔貢改試經解」〔註102〕。在科考最高規格的殿試中也採納大學士張廷玉的奏請，殿試策文，「務須貫穿古今，陶鑄經史」〔註103〕。乾隆九年，再「飭國子監及各府州縣學，時時以經學造士。學臣考校生童，亦務以經義與《四書》文並重……不得專重《四書》文而忽經義……如《四書》文雖佳，而經義影響游移者，概置不錄。」〔註104〕對研習經義的重視，已經到了影響錄取的程度。相反地，若是士子經學造詣較深，即便考試未通過，也會破格給予機會。如乾隆十三年，曾考取乙丑科一甲二名進士的莊存與，在庶吉士散館考試中不合格，不准授編修，但因其「平時尚留心經學」，令再學三年。〔註105〕不僅如此，像乾隆十四年末，還專門詔大學士、九卿議保舉經學人員考試事，試圖將經學的考試獨立出來以考察士子的實學程度。統治者對科舉制下的學風也頗為重視，務求踏實而切忌浮躁，在乾隆十三年策試天下貢士時，告誡士子：「事詞章而略經術，急進取而競聲華，論文體則尚浮辭而乖實義，於聖賢道德之實，未有能體之於心，修之於行事者。將教化之未明與？抑積習之難返與？」〔註106〕清廷通過科舉提倡經學的努力可以說大收成效，並在乾隆十六年達到一次高潮，在策試天下貢士於太和殿時，高宗即宣稱「經術昌明，無過今日」〔註107〕。此後又在乾隆二十五年、二十六年、三十一年策試各省貢士

〔註99〕《高宗實錄》卷三八四乾隆十六年三月戊戌條。
〔註100〕《高宗實錄》卷一七乾隆元年四月辛卯條。
〔註101〕《高宗實錄》卷八八乾隆四年三月丁未條。
〔註102〕《高宗實錄》卷八八乾隆四年三月己酉條。
〔註103〕《高宗實錄》卷九三乾隆四年五月丙寅條。
〔註104〕《高宗實錄》卷二二二乾隆九年八月丁未條。
〔註105〕《高宗實錄》卷三一五乾隆十三年五月庚子條。
〔註106〕《高宗實錄》卷三一三乾隆十三年四月己卯條。
〔註107〕《高宗實錄》卷三八四乾隆十六年三月戊戌條。

的時候均重申經學的重要，以崇尚經術相標榜：「朕崇尚經術，時與儒臣講明理道，猶復廣屬學官，蘄得經明行修之士而登之。」〔註108〕清廷的科舉對經學的提倡已經由以經學加分演變到了以經學取士的地步。

最後，樹立經學楷模。乾隆四年「金壇縣貢生蔣振生依石經式手書十三經正文」，清廷獎勵給國子監學正職銜。〔註109〕乾隆年間曾屢次令內外大臣薦舉能夠潛心經學者。例如從乾隆十四年開始，令「內大學士、九卿，外督撫，其公舉所知，不拘進士、舉人、諸生，以及退休閒廢人員，能潛心經學者，慎重遴訪。」〔註110〕一年後，清廷開始核定保舉人員，將名不副實者除名，並處罰保舉不實的官員。兩年後，又再次就薦舉經學事頒諭旨：「朕所望於此選者，務得經明行修，淹洽醇正之士，非徒占其工射策，廣記問，文藻詞章，充翰林才華之選而已，亦非欲授以政事，責其當官之效，如從前各保一人故事。」〔註111〕重申其崇尚經學求取真才之旨，令廷臣務必核實。這樣才終於有了結果，在將保舉經學之陳祖範等四人著述送閱之後，又授陳祖範、顧棟高國子監司業職銜。乾隆五十九年，就蔣衡手書《十三經》勒石辟雍一事，高宗專為撰文紀念。

皇帝對經學的重視及個人經學素養的提高，不僅僅是直接帶動底下的廷臣讀經，更重要的是影響到最高統治者對經學與國家攬才之間關係的認識，進而使得科舉考試的重心側重於經學。在統治者看來，「政事與學問非二途，稽古與通今乃一致。……將欲得賢材，舍學校無別途；將欲為良臣，舍窮經無他術。」〔註112〕科舉自然而然成為將經學與現實政治聯繫在一起的天然媒介。反過來，通過科舉來提倡經學對讀書士子乃至整個學壇究心經學的導向性作用又是直接而有力的。在科舉指揮棒的引導下，對經學的造詣深淺直接關係到能否錄取。因此讀書士子必須要大力誦習經典，而書院教師為了教授士子也必然要鑽研經學。由此，勢必使得學壇本已重經的學風更加強化，使得學術研究的重心更加向經學傾斜。經學地位的不斷上升已是不可避免的事，以致其他學問無有可與之匹敵者。這一局面不僅在乾隆年間愈發強化與定型，科舉重經學的做法也為乾隆的後繼者所奉行。嘉慶元年，仁宗即頒諭表示將一如其父「敦

〔註108〕《高宗實錄》卷六三五乾隆二十六年四月庚寅條。
〔註109〕《高宗實錄》卷九九乾隆四年八月庚寅條。
〔註110〕《高宗實錄》卷三五二乾隆十四年十一月己酉條。
〔註111〕《高宗實錄》卷三九一乾隆十六年閏五月辛巳條。
〔註112〕《高宗實錄》卷二三九乾隆十年四月戊辰條。

尚經義，崇實黜華」〔註113〕可見清廷官方對經學的重視已然形成傳統。

　　筆者在此不厭其煩地敘述清廷對經學的提倡及各種舉措，自認並非離題萬里。要知道，若需做到跳出史學看史學，就必須真正瞭解在當時的歷史條件下，在整個學術及教育領域，史學究竟處於怎樣的地位。是和經學同等重要麼？當然不是。無論是在官方眼中還是士子心中，經學的地位無疑是第一位的，是正統思想的代表，是儒家文化的主體。史學並非不重要，故而乾嘉時期錢大昕、章學誠等人力倡之、疾呼之，認為不可偏廢。但將之與經學做等量齊觀，若非是錢、章等人的一廂情願，則就是我們現代史學工作者的缺乏史識了。至少遲至晚清時期，我們才可以說史學與經學已經趨於平等，或已接近平等，在錢、章等前輩史家及那時龔自珍、魏源等人的努力下，這個趨勢已相當明顯。我們甚至可以說乾嘉時期至同光時期是兩千年帝制時代中史學爭與經學平等的歷史質變期，但畢竟還未達到平等。至少在乾嘉時期，經學的地位依然高出史學不少。

〔註113〕《仁宗實錄》卷二嘉慶元年二月戊寅條。

第二章　錢大昕的經史相通

　　錢大昕，字曉徵，一字及之，號辛楣，又號竹汀先生，江蘇嘉定人，生於雍正六年（1728），卒於嘉慶九年（1804）。作為乾嘉學術的鉅子，其生平早已於各種學術著作中為人所習知。他的一生正值清王朝發展到鼎盛的時期，也正是清代乾嘉學術展現輝煌的時期。他的學術上承清初的顧炎武，經學上受惠棟、戴震等人影響甚深，又能將經學的功底用於史學，一生主要致力於治史，獨能造就經史合一的學問，不僅傳承於李文藻、邵晉涵等弟子及嘉定錢氏族人，又影響段玉裁、王引之等後學。在清代即引領一代學術風尚，是為清人共同推重的一代通儒。

一、錢氏的經史傳承及學術歷程

　　從錢大昕個人一生所受的經史教育及與經史相關的學術事業來看，我們可將其從受教育開始直至逝世的學術生涯分為四個階段。

　　第一階段，從錢大昕五歲入私塾接受教育開始，至乾隆十七年（1752 年）二十五歲入京為止。這個時期是錢大昕接受教育、應付舉業的時期，其主要的學術根柢是在江南的學術薰陶中養成。錢大昕出身貧寒，其祖父、父親都是鄉村塾師，依靠授徒講學維持家計，在錢大昕五歲的時候，就讓他入私塾開始從塾師曾獻若發蒙識字。乾隆二年（1737 年），錢大昕就跟在祖父錢王炯身邊學習「八股文」。八股之外，錢大昕開始接受祖父傳授的小學知識。錢王炯「謂讀書必先識字，故於四聲清濁，辨別精審，不為方音所囿」〔註1〕，十分讚賞

〔註 1〕《潛研堂文集》卷五十《先大父贈奉政大夫府君家傳》。

錢大昕在學習小學時能掌握其意，說他「入許慎之門無難也」〔註2〕。後來他又跟在父親錢桂發身邊學習。錢桂發並不像其他塾師那樣認為作詩會妨礙兒子對「八股文」的學習，所以他並不束縛兒子的手腳，在兒子閱讀唐代詩人的佳作時，喜歡從旁指點，教兒子怎樣作詩。十四歲的錢大昕便已通曉作詩的門徑，學會了作詩。十五歲的時候，錢大昕入嘉定城開始師從曹桂芳問學。曹桂芳是錢大昕祖父的學生，是一位「淡然於炎熱之場，超然於塵垢之外」〔註3〕的人物。正是這種淡泊名利使他並不以八股舉業來限制錢大昕的視野，他教授錢大昕的是經義，自然也包括古學在內。也正是在這一年，錢大昕應童子試，考中了秀才。一同考中的還有王鳴盛，自此二人訂交，在當地並稱「錢王」。十八歲時，錢大昕坐館塢城顧氏，期間披覽《資治通鑒》、《二十一史》等書，開始學習史學並初步走上學術研究的道路。在十九歲時，他「抄撮南北史故事，為《南北史雋》一冊」〔註4〕。這之後還發生了兩件事情，對他此後人生道路的發展產生了很大的影響。

第一件，是乾隆十四年（1749 年）他被嘉定知縣保送到蘇州紫陽書院去讀書，正是在紫陽書院，他確立了從事史學研究的志願。當時的院長王峻很是賞識錢大昕，稱讚他「此天下才」〔註5〕，時常給予教誨和鼓勵。錢大昕多年後也說：「予年二十有二，來學紫陽書院，受業於虞山王艮齋先生。先生誨以讀書當自經史始，謂予尚可與道古，所以期望策屬之者甚厚。予之從事史學，由先生進之也。」〔註6〕在讀期間，錢大昕有著王鳴盛、王昶等一幫志趣相投的同學共同學習古學，還結識了蘇州的一些前輩學者，這其中對他影響最大的就是惠棟。惠氏家族歷來享譽學壇，至惠棟一輩號稱「四世傳經」。惠棟「自幼篤志向學，家多藏書，日夜講誦，自經史諸子、百家雜說、釋道二藏，靡不津逮」〔註7〕。著有《周易述》、《易漢學》《九經古義》、《古文尚書考》等書，對經學貢獻極大。錢大昕曾慕名去拜訪惠棟，惠棟對他十分器重，和他反覆討論易學問題。可以說，錢大昕日後治學中的易學學問和推崇漢學的習慣與早年得自惠棟的影響是分不開的。四十多年後錢大昕還說：「今士大夫多尊崇漢學，

〔註2〕《錢辛楣先生年譜》，乾隆二年，錢慶曾注。
〔註3〕《潛研堂文集》卷二十一《蓉鏡堂記》。
〔註4〕《錢辛楣先生年譜》，乾隆十一年。
〔註5〕《錢辛楣先生年譜》，乾隆十四年。
〔註6〕《潛研堂文集》卷二十四《漢書正誤序》。
〔註7〕《潛研堂文集》卷三十九《惠先生棟傳》。

實出先生緒論。……予弱冠時，謁先生於泮環巷宅，與論《易》義，更僕不倦，蓋謬以予為可與道古者。」〔註8〕第二件，是乾隆十六年（1751年）的時候，乾隆皇帝首次南巡，錢大昕進賦一篇，被取中一等二名，獲賜舉人，授內閣中書學習行走。〔註9〕這次人生的轉機不僅使錢大昕擺脫在「古學」與「八股」之間的糾結，能夠在幾次考舉人落榜後揚眉吐氣一回，更使他能有機會北上進京，進一步開展他學術事業的道路。

第二階段，從乾隆十七年（1752年）錢大昕二十五歲入都開始，至乾隆三十二年（1767年）得傷寒請假歸家止。這個階段是錢大昕打開學術圈子，吸收諸家經史之學，錘鍊經史功底的時期。入京後，錢大昕在內閣票簽房辦事。乾隆十九年（1754年），錢大昕考中進士，一同考中的還有王鳴盛、王昶、紀昀、朱筠等人，皆是一時「汲古之彥」。主考官之一的錢維誠讚譽：「此科元魁十八人，俱以八股取中，錢生乃古學第一人也。」〔註10〕接著他又通過殿試，授翰林院庶吉士。在舉業上取得成功的同時，錢大昕的學術事業也發展順遂。在北京這個學者們聚集的地方，錢大昕能夠有機會結識許多學者朋友來切磋交流，「或接武於公廷，或相訪於寓邸，出或同車，居則促膝，收直諒之益，極談讌之歡，經年累月，無間寒暑」〔註11〕。在前輩學者中，錢大昕交往最為密切的是秦蕙田。秦蕙田（1702～1764）是江蘇金匱（今無錫）人，字樹峰，號味經，以經學著稱，尤精禮學。當時錢大昕主要協助秦蕙田編撰《五禮通考》，全書「先經後史，各以類別，凡先儒所聚訟者，一一疏其脈絡，破其癥結，上探古人制作之原，下不違當代之法」〔註12〕。在二人探討禮學的過程中，錢大昕受到了秦蕙田極大的影響，他的禮學根基就是在這時開始打下的。錢大昕還協助秦蕙田編校《音韻述微》，兼詳字音和字義。在前輩學者的引領和指導下，在不斷的學術實踐過程中，錢大昕一方面強化著小學的根底、逐步奠定著他經學的根基，另一方面也逐漸養成了重視小學和「先經後史，各以類別」的治學習慣。在同輩學者中，錢大昕與戴震的結識和交往，使得他對經史之學的認識更加清晰，也強化了他對經史之學治學路徑的認識。作為皖派的開風氣之人，

〔註8〕《潛研堂文集》卷二十四《古文尚書考序》。
〔註9〕《錢辛楣先生年譜》，乾隆十六年。
〔註10〕《錢辛楣先生年譜》，乾隆十九年。
〔註11〕《潛研堂文集》卷二十六《炙硯集序》。
〔註12〕《潛研堂文集》卷四十二《光祿大夫經筵講官太子太保刑部尚書秦文恭公墓誌銘》。

戴震的學問博綜淹貫、識斷精審。戴震在治學上主張由訓詁以探求義理，正契合了錢大昕的主張。此時正值錢大昕開始研究《爾雅》，他有著這樣的感受：「嘗病後之儒者，廢訓詁而談名理，目記誦為俗生，訶多聞為喪志，其持論甚高，而實便於束書不觀、遊談無根之輩，有明三百年，學者往往蹈此失。……夫六經皆以明道，未有不通訓詁而能知道者。欲窮六經之旨，必自《爾雅》始。」〔註13〕而早在乾隆十四年（1749年）戴震即已初步著成《爾雅文字考》十卷，主張「古故訓之書，其傳者莫先於《爾雅》，六藝之賴是以明也。所以通古今之異言，然後能諷誦乎章句，以求適於至道。……余竊謂儒者治經，宜自《爾雅》始。」〔註14〕至乾隆十九年（1754年）二人訂交時，戴震是拿著自己的著作去拜訪錢大昕的，在二人的談論交流中，這樣的主張勢必使錢大昕的學術思路更加的堅定與清晰。

在京期間，錢大昕不斷地充實著自己的學問。到京後，曾一度專注於《元史》的校讀，認為「史之蕪陋，未有甚於《元史》者」〔註15〕。早在乾隆十八年（1753年）即開始著手編寫《元史氏族表》。他還曾致力於天文曆算，研讀梅文鼎的著作，號稱「得宣城梅氏書，讀之寢食幾廢，因讀歷代史志，從容布算，得古今推步之理。」〔註16〕次年讀《漢書》時撰成《三統曆術》四卷。對天文曆算的研究，有助於錢大昕日後對經史之學更加精準的把握。乾隆二十五年（1760年），錢大昕充任《續文獻通考》纂修官，負責《田賦》、《戶口》、《王禮》三部分。為此，他通讀歷代典章制度的專史，史學積澱更加深厚。此外，錢大昕還曾於乾隆二十四年（1759年）和三十年（1765年）分別出任山東和浙江鄉試的考官，擢拔了兩位得意門生李文藻和邵晉涵。

第三階段，從乾隆三十二年（1768年）回到嘉定以後至乾隆四十六年（1781年）開始丁母憂前，是錢大昕融入江南學術圈子，完全奠定自身小學、經學與史學學術功底的時期。乾隆三十二年錢大昕四十歲的時候，在家鄉開始了《廿二史考異》的寫作。乾隆三十三年，錢大昕編成了《洪文憲先生年譜》和《陸放翁先生年譜》，三十四年開始精讀《說文解字》，研究聲音、文字、訓詁之原。三十六年，充任《大清一統志》纂修官，又撰次《金石文跋尾》六卷。三十七年又充任《三通》館纂修官，「手定《通志》凡例，分別子目，增刪皆

〔註13〕 《《潛研堂文集》卷三十三《與晦之論〈爾雅〉書》。
〔註14〕 《戴震文集》卷三《爾雅文字考序》。
〔註15〕 《潛研堂文集》卷十三《答問十》。
〔註16〕 《錢辛楣先生年譜》，乾隆十八年。

臻盡善，總纂深以為然。」〔註17〕乾隆四十年，在廣東學政任上倡導士子讀經。「以士子多不修讀經，每考試經題，務避熟擬四書，藝雖可觀，而經義違失者痛斥之，仍榜示某某卷以荒經遺落之故，自是諸郡聞風，童子皆知讀全經矣。」〔註18〕在接下來回鄉丁父憂的三年時間裏，錢大昕又再次精研了禮學。乾隆四十三年（1778年）接受兩江總督高晉延請出任南京鍾山書院院長。和前任盧文弨一樣，錢大昕的教學方針也崇尚古學，「與諸生講論古學，以通經讀史為先」〔註19〕。

第四階段，從乾隆四十六年開始丁母憂直至錢大昕去世止，是為錢大昕經史學術功底已臻於成熟，學術成果產出的黃金時期。為母丁憂期間，錢大昕完成了他的史學名著《廿二史考異》一百卷，又編訂了《潛研堂金石文字目錄》八卷。此後錢大昕託病為由，拒絕了再入官場，一心致力於學術研究和培養後學。乾隆五十年（1785年），錢大昕出掌婁東書院。在婁東書院，錢大昕曾先後撰次《弇州山人年譜》、《通鑒注辯證》和《金石文跋尾》，又主修《鄞縣志》並借機撰成《天一閣碑目》。乾隆五十四年，錢大昕出任蘇州紫陽書院院長。這裡正是他青年時期求學的地方，他「追憶四十年前，賴名師益友，得窺古人堂奧，乃奮然以振興文教為己任。諭諸生以無慕虛名，勤修實學，由是吳中士習，為之一變。」〔註20〕錢大昕將大部分精力都傾注在紫陽書院，培育後學，將自己一生的經史之學傳授給弟子們，「一時賢士受業於門下者，不下二千人，悉皆精研古學，實事求是」〔註21〕。錢大昕還與段玉裁等後輩學者建立了深厚的友誼，在學術上給他們以深刻的影響。在紫陽書院期間，錢大昕撰成了《元氏族表》四卷和《元藝文志》四卷，還校訂、刊印了《廿二史考異》，又仿照顧炎武《日知錄》體例將多年的讀書札記編定了《十駕齋養新錄》。直至晚年，錢大昕一直孜孜不倦地在整理自己及友朋的舊稿，付之刊印，將學術能量發揮到了生命的最後一刻。

縱觀錢大昕一生的求學與治學歷程，可以看出有種種機緣匯聚一身才能造就他的學術成就。少年時祖父、父親、曹桂芳等老師並不用八股來限制他使得他愛好古學的興趣不至被抹殺，又使他能夠初步具備小學的功底；青年求學

〔註17〕　《錢辛楣先生年譜》，乾隆三十七年。
〔註18〕　《錢辛楣先生年譜》，乾隆四十年。
〔註19〕　《錢辛楣先生年譜》，乾隆四十三年。
〔註20〕　《錢辛楣先生年譜》，乾隆五十四年，錢慶曾注。
〔註21〕　錢慶曾《竹汀居士年譜續編》。

時期能夠得遇惠棟、秦蕙田、戴震等良師益友使得他能夠具備深厚的經學功底；壯年治學時期能夠有幸參與國家重大文化工程而得到鍛鍊，並擢拔李文藻、邵晉涵等英才；老年時期能夠拋卻仕宦俗務，有條件執掌書院潛心致力於學術研究，更是得天下英才而教之，使得學術成就有所傳承。由此來看，一代通儒的學術生命可謂圓滿。

二、融會貫通的經史之學

　　錢大昕的經史之學可以用融會貫通來概括，其特點便是經史相通，這也正印證了他一代通儒的雅號。錢大昕的博通經史，遠承自顧炎武開創的學術規模與倡導的博通意識，近承自惠棟等人的直接影響。顧炎武所開創的學術規模、所走過的學術路徑、所倡導的博通意識給乾嘉學術的發展造成了深遠的影響，錢大昕也不例外。錢氏同樣具有宏大的學術規模，走著由小學入經學、由經學入史學的學術路徑，具備貫通經史的學術特徵。

　　錢大昕經史相通的治學精神是在求學階段在惠棟等老一輩學者的影響下逐漸培養起來的。乾隆十四年（1749年），錢大昕開始入蘇州紫陽書院肄業時，便與惠棟、沈彤等人結為忘年交。「先是王少司寇肄業紫陽書院，與王光祿同舍，始知公幼慧，有神童之目。及院長詢以今日人才，則以公對。院長轉告巡撫，巡撫喜甚，招公至院，試以《周禮》、《文獻通考》兩論。公下筆千言，於是驚異，院中諸名宿，莫不斂手敬之。」〔註22〕在日後回憶這段求學時光時錢大昕也說：「予年二十有二，來學紫陽書院，受業於虞山王艮齋先生。先生誨以讀書當自經史始，謂予尚可與道古，所以期望策屬之者甚厚。予之從事史學，由先生進之也。」〔註23〕可見他自幼所受教育即兼通經史。在與同學的交流中，他曾致書王昶討論經學、曆法，毫不掩飾對惠棟的推崇，稱讚《周易述》「摧陷廓清，獨明絕學，談漢學者無出其右」。〔註24〕在為惠棟做傳時極盡讚譽之情，謂「宋元以來，說經之書盈屋充棟，高者蔑棄古訓，自誇心得，下者剿襲人言，以為己有，儒林之名，徒為空疏藏拙之地，獨惠氏世守古學，而先生所得尤深，擬諸漢儒，當在何邵公、服子慎之間，馬融、趙岐輩不能及也。」〔註25〕可見他對惠氏的服膺，必受惠氏影響無疑。在經學上受惠棟影響之後，

〔註22〕《竹汀居士年譜》乾隆十四年二十二歲條錢慶曾校注。
〔註23〕《潛研堂文集》卷二十四《漢書正誤序》。
〔註24〕陳文和《潛研堂文集補編》之《與王德甫書一》。
〔註25〕《潛研堂文集》卷三十九《惠先生棟傳》。

秦蕙田又給了錢大昕由經入史，以史證經的啟發。秦蕙田輯《五禮通考》「苞括百氏，裁剪眾說，舉二十二史之記載，悉以《周禮》、《儀禮》提其綱。上自朝廷之制作，下逮諸儒之議論，靡不搜抉仄隱，州次部居，令讀者一覽易曉。至是而世之有志於禮教者，始暢然滿志而無遺憾矣。」〔註26〕恰是先經後史、以史證經的做法。錢大昕曾大力協助秦蕙田，也必受薰染無疑。日後在為秦氏所作墓誌銘中即可得到明證：「嘗慨《禮經》名物制度，諸儒詮解互異，鮮能會通其說，故於郊社、宗廟、宮室、衣服之類，尤究心焉。……嘗言：『儒者捨經以談道，非道也；離經以求學，非學也。』故以窮經為主，而不居講學之名。……公夙精《三禮》之學，……撰為《五禮通考》二百六十二卷，先經後史，各以類別，凡先儒所聚誦者，一一疏其脈絡，破其癥結，上探古人制作之原，下不違當代之法，殫思二十餘年，稿易三四而後定，自言生平精力盡於是焉。」〔註27〕

在治學道路上，錢大昕走的也是由小學入經學、由經學入史學的學術路徑。前文提到，在錢大昕少年時期，祖父便開始傳授他小學知識。在京城任翰林院編修之時，錢大昕便開始研究《爾雅》，「嘗病後之儒者，廢訓詁而談名理，目記誦為俗生，訶多聞為喪志，其持論甚高，而實便於束書不觀、遊談無根之輩，有明三百年，學者往往蹈此失。」〔註28〕他所走的這條學術路徑，是為了反對宋明以來的空疏學風，與同在京師的戴震相投合。此後的學術生涯中，錢大昕也與戴震、段玉裁等精通小學的學者多有學術交往，提高了他的小學素養和見識。乾隆三十五年（1770年），段玉裁新著《詩經韻譜》成書，委託邵晉涵送錢大昕訂正。錢大昕欣然復書表示讚賞，同時也提出一些商榷。這個時候的錢大昕已經具備一定的小學功底，否則不會訂正段玉裁的著作。在為《詩經韻譜》撰寫的序言中，錢大昕提出：「古人以音載義，後人區音與義而二之，聲音之不通而空談義理，吾未見其精於義也。……而因文字聲音以求訓詁，古義之興有日矣，詎獨以存古音而已哉！」〔註29〕已經認識到，通文字訓詁，不僅僅是為了存古音，而且是探求經義的必備條件。此後錢大昕也將之應用於史學研究，成為探求歷史真相與本質的重要手段。也同樣是在這一年，錢大昕開

〔註26〕《五禮通考》卷首盧見曾序。
〔註27〕《潛研堂文集》卷四十二《光祿大夫經筵講官太子太保刑部尚書秦文恭公墓誌銘》。
〔註28〕《潛研堂文集》卷三十三《與晦之論爾雅書》。
〔註29〕《潛研堂文集》卷二十四《詩經韻譜序》。

始了他的小學研究，「始讀《說文》，研究聲音文字訓詁之原。」〔註30〕他對《說文》的研究心得，主要集中在《潛研堂文集》的《答問》中，我們於此可見他在小學上的精湛修養。雖說錢大昕研究音韻訓詁起步較晚，但也是以小學的基礎來推動經學與史學的研究。他治經強調自通訓詁始，「夫窮經者必通訓詁，訓詁明而後知義理之趣。後儒不知訓詁，欲以鄉壁虛造之說，求義理所在，夫是以支離而失其宗。」〔註31〕也曾說「夫六經皆以明道，未有不通訓詁而能知道者。」〔註32〕在晚年曾特別總結小學之重要性：「有文字而後有訓詁，有訓詁而後有義理。詁訓者，義理之所由出，非別有義理出乎詁訓之外者也。……文也，而道即存焉。」〔註33〕他的這些由訓詁以通義理的主張，和惠棟、戴震是相同的。

在治學方法上，錢大昕將治經的方法應用於治史。首先，錢大昕以小學的功底治經，也同樣用小學以治史。錢大昕在將音韻訓詁融入經學時，很早就發現「古人屬辭，不外雙聲疊韻，而其秘實具於三百篇中，雙聲即字母所由始，初不傳自西域」〔註34〕，又提出過古無輕唇音，古無舌上音等觀點，為學界所稱道。而在錢大昕這些貫穿經史的小學中，「正音」和「轉音」的理論見解可以說是典型代表。這一理論見解是為了解決古人一字兩讀的問題。錢大昕說：「古人亦有一字而異讀者。文字偏旁相諧，謂之正音；語言清濁相近，謂之轉音。音之正有定，而音之轉無方。正音可以分別部居，轉音則只就一字相近，假借互用，而不通於它字。」〔註35〕而其中的「轉音」，又分以聲轉和以義轉兩種。以聲轉即雙聲假借，例如「『宗』與『尊』相近，故《春秋》『伯宗』或作『伯尊』；『臨』與『隆』相近，故《雲漢》詩以『臨』與『躬』韻；『鞏』與『固』相近，故《瞻卬》詩以『鞏』與『後』韻；非謂魂、侵、侯之字盡可合於東、鍾也」〔註36〕。以義轉即聲隨義轉，例如「『躬』之義為『身』，即讀『躬』如『身』，詩『無遏爾躬』與『天』為韻，《易·震》『不於其躬，於其鄰』，『躬』與『鄰』韻；非謂真、先之字盡可合於東、鍾也。」〔註37〕錢大昕

〔註30〕《竹汀居士年譜》乾隆三十五年、四十三歲條。
〔註31〕《潛研堂文集》卷二十四《左氏傳古注輯存序》。
〔註32〕《潛研堂文集》卷三十三《與晦之論爾雅書》。
〔註33〕阮元主編《經籍纂詁》卷首錢大昕《經籍纂詁序》。
〔註34〕《碑傳集》卷四十九王昶《詹事府少詹事錢君大昕墓誌銘》。
〔註35〕《潛研堂文集》卷十五《答問十二》。
〔註36〕《潛研堂文集》卷十五《答問十二》。
〔註37〕《潛研堂文集》卷十五《答問十二》。

也同樣將這種轉音的理論見解用於考史，同時也借助考史的實例來證明這一見解的正確。例如《晉書‧禿髮烏孤載記》云：「初，壽闡之在孕，母胡掖氏因寢產於被中，鮮卑謂被為『禿髮』，因而氏焉。」錢大昕指出：「禿髮之先，與元魏同出，『禿髮』即『拓跋』之轉，無二義也。古讀輕唇音如重唇，故赫連佛佛即勃勃，『髮』從『犮』得聲，與「跋」音正相近。魏伯起書尊魏而抑涼，故別而二之，晉史亦承其說。」〔註38〕通過對轉音的考釋，揭示出禿髮氏與拓跋氏實出一源。又如《晉書‧束皙傳》云：「漢太子太傅疎廣之後也。王莽末，廣曾孫孟達避難，自東海徙居沙鹿山南，因去『疎』之『足』，遂改姓焉。」錢大昕考釋道：「《說文》：疏從㐬、從疋。以疋得聲，隸變『疏』為『疎』，與『束縛』之『束』本不相涉。疋，古胥字，古人胥、疏同聲，故從疋聲也。『疏』之改『束』，自取聲相轉，如『耿』之為『簡』，『奚』為之『嵇』耳。唐人不通六書，乃有去足之說。」〔註39〕全靠轉音理論的創獲，糾正沿襲千年的唐人謬誤。可以說，錢大昕用小學以治經，能夠得真實的經義，用小學以治史，能夠得真實的史實。

其次，在經史考證中能夠普遍地應用歸納法。歸納法是錢大昕做經史考證時常用的方法，他往往能夠通過例舉大量同一類現象實例來探求事物本質，得出某一規律性認識。他將這種方法從治小學帶入治經學，進而治史學。錢大昕在研究《說文》的時候，便常進行各種歸納。如存有他研治音韻訓詁學主成果的《十駕齋養新錄》第四、五卷中，《說文舉一反三之例》、《說文讀若之字或取轉聲》、《一字兩讀》、《古無輕唇音》等條目便是例舉了大量的例證，得出了解決聚訟紛爭的理論見解。而他的經學成果像《潛研堂文集》卷四至卷十的群經問答，以及《十駕齋養新錄》的前三卷中，多有對經文字義的考證。確切的說，這即是以小學治經，用的當然還是治小學所常用的歸納法。同樣，在歷史考證上，錢大昕也是這麼做的。例如錢大昕發現晉時「內史太守互稱」的現象，指出「晉時郡置太守，王國則置內史，行太守事，然名稱率相亂」〔註40〕的同時也例舉了大量實例：

> 漢制，諸侯王國以相治民事，若郡之有太守也。晉則以內史行太守事，國除為郡，則復稱太守。然二名往往混淆，史家亦互稱之。

〔註38〕《廿二史考異》卷二十二。
〔註39〕《廿二史考異》卷二十一。
〔註40〕《廿二史考異》卷二十一。

如《元帝紀》：太興元年「改丹陽內史為丹陽尹」。考丹陽未嘗為王國。《地理志》：「元帝改丹陽太守為尹。」《薛兼傳》：「拜丹陽太守，中興建轉尹。」則《元帝紀》誤矣。王曠亦丹陽太守，見《陳敏傳》。而《顧榮傳》以為內史，其誤與《元帝紀》同。它如陸雲稱清河內史，本傳。亦稱太守；陸氏《異林》。桓彝稱宣城內史，《成帝紀》及本傳。亦稱太守；桓溫蘇峻諸傳。蘇峻稱歷陽內史，本傳。亦稱太守；《成帝紀》。孫默稱琅邪太守，《元帝紀》。亦稱內史；《石勒載記》。周廣稱豫章內史，《元帝紀》。亦稱太守；《華軼傳》。王承稱東海太守，《王湛傳》。亦稱內史；《名士傳》。此類訛混相承，史家不能釐而正之也。〔註41〕

可以說是發現了晉時官制稱謂的一項規律。

在治學精神上，講究求真的精神。一方面是受惠棟的影響而求其古，另一方面是受戴震的影響而求其是。錢大昕的經學，頗受惠棟希心復古的影響，力宗漢儒。他認為：「漢儒說經，遵守家法，詁訓傳箋，不失先民之旨。自晉代尚空虛，宋賢喜頓悟，笑問學為支離，棄注疏為糟粕，談經之家，師心自用，乃以俚俗之言詮說經典。若歐陽永叔解『吉士誘之』為『挑誘』，後儒遂有詆《召南》為淫奔而刪之者。古訓之不講，其貽害於聖經甚矣。我國家崇尚實學，儒教振興，一洗明季空疏之陋。……夫六經定於至聖，舍經則無以為學。學道要於好古，蔑古則無以見道。」〔註42〕又說：「漢之經師，其訓詁皆有家法，以其去聖人未遠。魏晉而降，儒生好異求新，注解日多，而經益晦。輔嗣之《易》，元凱之《春秋》，皆疏於訓詁，而後世盛行之，古學之不講久矣！」〔註43〕錢氏將此種求其古的精神用以治史，即在相信較古之記載：「言有出於古人而未可信者，非古人之不足信也。古人之前，尚有古人，前之古人無此言，而後之古人言之，我從其前者而已矣。」〔註44〕記載愈早，便愈接近史事發生之時間，愈為可信。從錢大昕對陳壽《三國志》的推崇，認為其優於范曄《後漢書》，也可見他的這種求古理念：「蔚宗號稱良史，然去東京歲月遙遠，較之承祚，則傳聞之與親睹，固不可同年而語矣。若《晉書》修於唐初，時代益復邈隔，又雜出眾手，非專家之業，其罅漏百出，奚足怪哉！予

〔註41〕《十駕齋養新錄》卷六《內史太守互稱》。
〔註42〕阮元主編《經籍籑詁》卷首錢大昕《經籍籑詁序》。
〔註43〕《潛研堂文集》卷二十四《左氏傳古注輯存序》。
〔註44〕《潛研堂文集》卷十六《秦四十郡辨》。

性喜史學，馬、班而外，即推此書，以為過於范、歐陽。」〔註45〕錢大昕雖深受惠棟影響，但也並未像惠棟那樣深陷過分株守古人舊說的泥潭。他明確地認識到：「以古為師，師其是而已矣，夫豈陋今榮古，異趣以相高哉！」〔註46〕他的這種求其是的精神，乃是受了戴震的影響。比較起來，錢大昕在京師期間與戴震的學術交往更為密切，在學術觀點上也有著更多的契合之處。戴震主張求是而不泥古，「實事求是，不偏主一家」〔註47〕錢大昕在師古的同時也強調求其是，即求得古人正確的優良的為人、為學、為政之道。這就需要在辨析優劣的基礎上擇優而從。例如對於有人疑問《論語》中「父在觀其志，父沒觀其行」一語的兩種說法不知如何適從上，錢大昕即回答：「後儒之說勝於古，從其勝者，不必強從古可也。一儒之說而先後異，從其是焉者可也。」〔註48〕在研治《春秋》時，特意強調據事直書，講道：「《春秋》，褒善貶惡之書也。其褒貶奈何？直書其事，使人之善惡無所隱而已矣。……紀其實於《春秋》，俾其惡不沒於後世，是之謂褒貶之正也。」〔註49〕能夠做到記事真實，便是最大的「褒貶之正」。相反，刻意地張揚春秋筆法反而會壞了褒貶善惡的本意。即他所警示的：「褒善貶惡之義莫備於《春秋》，謂《春秋》之法有所未備而以意補之，豈後儒之識能加孔子之上乎哉？」〔註50〕這種由《春秋》而來的據事直書的觀點也同樣是錢大昕關於史學的重要論點。所以他說：「故曰明乎《春秋》之例，可與言史矣。」〔註51〕錢大昕所提出的史家所當討論的輿地、官制、氏族三端，即是探求歷史真實的考證關鍵所在。不論是求其古還是求其實，皆是為避免空發議論而探求經文原義與史實真相的理念，是求真精神的外在表現。

在治學態度上謙虛誠懇、不驕不躁。對於古人，錢大昕並不加以菲薄，而是十分尊重的。因為他知道，古人治學是十分嚴謹的，往往積數十年功力才撰成一書。他推崇和讚賞古人治學的優良學風，即便有所批評，也儘量做到謙虛謹慎、態度誠懇。他曾如此規勸王鳴盛道：

愚以為學問乃千秋事，訂訛規過，非以訾毀前人，實以嘉惠後

〔註45〕 《潛研堂文集》卷二十四《三國志辨疑序》。
〔註46〕 《潛研堂文集》卷二十四《臧玉林經義雜識序》。
〔註47〕 《潛研堂文集》卷三十九《戴先生震傳》。
〔註48〕 《潛研堂文集》卷九《答問六》。
〔註49〕 《潛研堂文集》卷二《春秋論》。
〔註50〕 《潛研堂文集》卷二《春秋論》。
〔註51〕 《潛研堂文集》卷二《春秋論》。

學。但議論須平允，詞氣須謙和，一事之失，無妨全體之善，不可效宋儒所云「一有差失，則餘無足觀耳」。……言之不足傳者，其得失固不足辯，既自命為立言矣，千慮容有一失，後人或因其言而信之，其貽累於古人者不少。去其一非，成其百是，古人可作，當樂有諍友，不樂有佞臣也。且其言而誠誤耶，吾雖不言，後必有言之者，雖欲掩之，惡得而掩之！所慮者，古人本不誤，而吾從而誤駁之，此則無損於古人，而適以成吾之妄。王介甫、鄭漁仲輩皆坐此病，而後來宜引以為戒者也。〔註52〕

針對《十七史商榷》中「詆訶前哲」的毛病，規勸「議論須平允，詞氣須謙和」。晚年時，又曾就《娛親雅言》致書嚴元照：

> 大制諷誦再四，其中有芻蕘之見，黏簽以備採擇。於糾正宋儒處，尚希詞意含蓄為妙。弟於經典詁訓，篤信漢儒，不喜後來新說，然亦未嘗輕議宋儒者。是非久而自明，專尚攻訐，非長厚之道，徒足取駭於俗目，並望同志共守此約耳。〔註53〕

即便是一生反對宋明理學的空疏學風，但也一再重申不可輕議宋儒。對於清初的顧炎武，錢大昕尤為推崇。在晚年於黃丕烈寓所得遇顧炎武《天下郡國利病書》鈔本時，錢大昕閱後肅然作跋：「亭林先生博學通儒，所撰述行世者，皆有關於世道風俗，非僅以該洽見長。」〔註54〕景仰之情可見一斑。這說明，錢大昕尊重古人和前輩，能夠看到他們的學術優點而虛心學習，不論治經治史，皆是如此。對待自己的學術成就，錢大昕也並不自滿，始終保持謙虛謹慎、不驕不躁的態度。在他晚年編輯畢生為學札記為《十駕齋養新錄》時還說：

> 「芭蕉心盡展新枝，新卷新心暗已隨；願學新心養新德，長隨新葉起新知。」張子厚《詠芭蕉》句也。先大父嘗取「養新」二字，榜於讀書之堂。大昕兒時侍左右，嘗為誦之，且示以「溫故知新」之旨。今年逾七十，學不加進，追惟燕翼之言，沘然汗下。……偶有戶聞，隨筆記之，自慚瑩爝之光，猶賢博簺之好，題曰《養新錄》，不敢忘祖訓也。〔註55〕

〔註52〕《潛研堂文集》卷三十五《答王西莊書》。
〔註53〕嚴元照《悔庵學文》卷首錄錢大昕書。
〔註54〕黃丕烈《蕘圃藏書題識》卷三錄錢大昕《天下郡國利病書跋》。
〔註55〕《十駕齋養新錄》卷首《自序》。

並不認為自己的學問有多麼了得，而時時以祖訓策勵自己。

　　在學術特徵上，錢氏的經史之學體現著一個「博」字，貫穿著會通經史的意識。首先是學術視野寬廣，範圍寬泛，不以一經一史自限。錢氏曾說：

　　　《易》、《書》、《詩》、《禮》、《春秋》，聖人所以經緯天地者也。
　　上之可以淑世，次之可以治身，於道無所不通，於義無所不該。而
　　守殘專己者，輒奉一先生之言，以為依歸，雖心知其不然，而必強
　　為之辭；又有甚者，吐棄一切，自誇心得，笑訓詁為俗儒，訶博聞
　　為玩物，於是有不讀書而號為治經者，並有不讀經而號為講學者。
　　宣尼之言曰：「君子博學於文」。顏子述夫子之善誘則曰：「博我以文」。
　　子思子作《中庸》曰：「博學之，審問之」。孟子之書曰：「博學而詳
　　說之」。夫聖人刪定六經，以垂教萬世，未嘗不慮學者之雜而多歧也，
　　而必以博學為先，然則空疏之學不可以傳經也審矣。〔註56〕

在他看來，讀書士子要努力貫穿群經，從經書中求得為人為學經緯天地之道，就要遵從聖人的教誨，首先做到博學。這也恰恰針對了學術界一些流於空疏固陋的學風，因為博學是能夠做到不空發議論的基礎，「胸無萬卷書，臆決唱聲，自誇心得，縱其筆鋒，亦足取快一時，而溝澮之盈，涸可立待。」〔註57〕在更深的意義上講，也只有貫穿群經，才能更好的專治一經，理解聖人之道。錢大昕也早有這樣的認識：「大約經學要在以經證經，以先秦、兩漢之書證經。其訓詁則參之《說文》、《方言》、《釋名》，而宋元以後無稽之言，置之不道。反覆推校，求其會通，故曰必通全經而後可通一經。」〔註58〕在史學造詣上，翁方綱曾有這樣的詩句評價錢大昕：「錢子良史才，豈惟甬東萬」〔註59〕。甬東萬乃是指萬斯同，因萬斯同是浙江鄞縣人，縣內有甬江，翁方綱是將他比作萬斯同。作為黃宗羲的學術傳人，萬斯同從事古學，博通歷代史書，錢大昕曾專門為之做傳表達自己的景仰之情，同時也在思想上深受萬氏的影響。萬斯同曾補《歷史史表》，錢大昕便做通史考異，又曾入三通館鍛鍊通史的修撰。他還曾撰寫過多篇清代學界人物的傳記，收在《潛研堂文集》卷三七到四十中，像閻若璩、胡渭、萬斯同、惠棟、戴震等人無不是博學於文的大家。他自己也常力主史家須博學，有「自古史家之患，在於

〔註56〕《潛研堂文集》卷二十一《抱經樓記》。
〔註57〕《潛研堂文集》卷二十五《嚴久能娛親雅言序》。
〔註58〕陳文和《潛研堂文集補編》之《與王德甫書一》。
〔註59〕翁方綱《復初齋集》卷二十一《懷錢辛楣》。

不博」，〔註60〕「史家不可以不博聞」〔註61〕之言。錢大昕的博學與會通在
乾嘉時期的學術界也是公認的。焦循讚揚他：「詹事之學，博大精微。於何
為極，遷、固、修、祁。地理沿革，算澈中西。職官制度，考核靡遺。以斯
治史，乃得會歸。孰云乙部，易於經師。」〔註62〕將他比作司馬遷、班固、
歐陽修、宋祁，能融會貫通地理、曆算、職官諸學用以治史。乾隆四十一年
（1776年），汪中曾有書致劉台拱，談及一時江南學風道：「又中前造嘉定，
與錢先生語彌日；其人博學無方，而衷於至當，其高出戴君不止十等，誠一
代之儒宗也。」〔註63〕段玉裁為錢大昕遺著《潛研堂文集》撰寫的序言中更
為推崇：

> 先生始以辭章鳴一時，既乃研精經史，因文見道，於經文之舛
> 誤，經義之聚訟而難決者，皆能剖析源流。凡文字、音韻、訓詁之
> 精微，地理之沿革，歷代官制之體例，氏族之流派，古人姓字、里
> 居、官爵、事實、年齒之紛繁，古金石刻畫、篆隸，可訂六書故實，
> 可裨史傳者，以及古《九章算術》，自漢迄今中西曆法，無不瞭如指
> 掌。至於累朝人物之賢奸，行事之是非，疑似難明者，大典章制度
> 昔人不能明斷其當否者，皆確有定見。蓋先生致知格物之功，可謂
> 深矣。夫自古儒林，能以一藝成名者罕，合眾藝而精之，殆未之有
> 也。若先生，於儒者應有之藝，無弗習，無弗精。〔註64〕

認為錢大昕是博通之最典型代表，尊他為古今未有之通儒。

其次是倡導經史會通、經史合一。錢大昕既然能夠做到會通經史，便認為
史學與經學有著同等重要的地位。他反對那些所謂「經精而史粗，經正而史雜」
的說法，認為重經輕史的做法實在是算不得通儒所為。他說：「自惠、戴之學
盛行於世，天下學者但治古經，略涉三史。三史以下茫然不知，得謂之通儒
乎！」〔註65〕明確指責惠棟、戴震這兩位師友重經輕史所造成的惡劣影響。而
最能體現錢氏提倡史學的便是他力主經史合一，不可兩分的學術觀點。他曾有
段宏論云：

〔註60〕《潛研堂文集》卷十八《記琉璃廠李公墓誌》。
〔註61〕《廿二史考異》卷五十。
〔註62〕焦循《雕菰樓集》卷六《讀書三十二贊》。
〔註63〕劉文與《劉端臨先生年譜》乾隆四十一年、二十六歲條，錄汪中書記。
〔註64〕《經韻樓集》卷八《潛研堂文集序》。
〔註65〕江藩《國朝漢學師承記》卷三。

經與史豈有二學哉？昔宣尼贊修六經，而《尚書》《春秋》實為
史家之權輿。漢世劉向父子校理秘文為六略，而《世本》《楚漢春秋》
《太史公書》《漢著紀》列於春秋家，《高祖傳》《孝文傳》列於儒家，
初無經史之別。厥後蘭臺、東觀，作者益繁，李允、荀勗等創立四
部，而經史始分，然不聞陋史而榮經也。自王安石以猖狂詭誕之學，
要君竊位，自造《三經新義》，驅海內而誦習之，甚至詆《春秋》為
斷爛朝報。章、蔡用事，祖述荊舒，屏棄《通鑑》為元祐學術，而十
七史皆束之高閣矣。嗣是道學諸儒，講求心性，懼門弟子之泛濫無
所歸也，則有訶讀史為玩物喪志者，又有謂讀史令人心粗者。此特
有為言之，而空疏淺薄者託以藉口，由是說經者日多，治史者日少。
彼之言曰，經精而史粗也，經正而史雜也。予謂經以明倫，虛靈玄
妙之論，似精實非精也。經以致用，迂闊刻深之談，似正實非正也。
太史公尊孔子為世家，謂「載籍極博，必考信於六藝」。班氏《古今
人表》尊孔孟而降老莊。皆卓然有功於聖學，故其文與六經並傳而
不愧。若元、明言經者，非剿襲稗販，則師心妄作，即幸而廁名甲
部，亦徒供後人覆瓿而已，奚足尚哉！〔註66〕

講述經史本不分家，《尚書》、《春秋》兩經即是史書的開端，漢世經史無別，
六朝隋唐雖分屬兩部，但並未陋史榮經，直至宋明心性之學興盛以來才導致人
們束書不觀以致重經輕史。於此可見錢大昕為史學爭地位的良苦用心。比起重
經輕史的戴震等人來，錢大昕自然是更上一層樓。正如當代史家杜維運先生所
說的：「錢氏則博綜群籍，由經而治史，蹊徑另闢，光遠而大，固非戴氏之所
可及矣。」〔註67〕

三、錢氏的嘉惠後學

錢大昕的經史之學在乾嘉時期學術界的影響也是很大的，可謂是嘉惠後
學、澤被儒林。這主要體現在對李文藻、邵晉涵兩位學生的傳授，對嘉定錢氏
族人的影響及在書院任教提攜後學上。

錢大昕在北京做翰林時曾先後充任山東、浙江正副學政，兩次分別識拔了
李文藻與邵晉涵二人。李文藻（1730～1778），字素伯，號南澗，山東益都人。

〔註66〕　《廿二史劄記》卷首錢大昕《序》。
〔註67〕　杜維運《清代史學與史家》，中華書局，1988年，第311頁。

邵晉涵（1743～1796），字與桐，號二雲，浙東餘姚人。李文藻平生愛好古書，「好博覽古今，不為世俗之學」〔註68〕，邵晉涵特別愛好史學，二人與錢大昕甚是氣味相投。乾隆三十四年（1769年），李文藻謁選在京時，借為紀昀京邸檢曝書籍之便，即過錄惠棟、戴震著述多種。自言「此次居京師五月餘，無甚應酬，又性不喜觀劇，茶園酒館，足跡未嘗至，惟日借書抄之。」〔註69〕此次抄書，乃「惠定宇經義底稿數種，……得見惠著《周易述》、《易漢學》、《周易本義辯證》、《左傳補注》、《古文尚書考》。」〔註70〕同年，邵晉涵也研究過惠棟遺著《古文尚書考》等書，他說：「惠氏《古文尚書考》，余最愛其《辨正義》四條，《證孔氏逸書》九條，議論精當，為竹垞、亭林所未逮。」〔註71〕二人有著共同的古學愛好，很多書都是一人看過之後另一人再看。例如李文藻看戴震所著《經考》即云：「是書從河間紀先生處借錄，經餘姚邵二雲手校一過，無甚謬錯矣。」〔註72〕兩人也曾合校過惠棟的《古文尚書考》。可見錢大昕的兩名弟子皆認真研習過惠棟、戴震的著作，且有贊同之處，二人也像錢大昕一樣必受過惠、戴影響無疑。

作為藏書家，李文藻平生極為專注於藏書、刻書之事，對於所見到的經史之學的好書大力刊布。乾隆三十九年（1774年），李文藻在廣東刊布惠棟遺著《春秋左傳補注》，乾隆四十年又刊布惠棟遺著《易例》。認為「國家以《說文》治經，惠半農侍讀最先出，其子棟繼之。近日戴東原大闡其義，天下信徒者漸多」〔註73〕，須弘揚惠氏之學。

邵晉涵雖特好史學，一生的學術成就也主要集中於史學，但也同樣有著小學與經學的功底，能夠做到博學於文，洪亮吉稱他：

> 於學無所不窺，而尤能推求本原，實事求是。……君於經深《三傳》、《爾雅》，成進士以後，未入館以前，以宋邢昺疏義燕淺，遂別為《爾雅正義》一書。……服官後，又為《孟子述義》、《穀梁古注》、《韓詩內傳考》，並足正趙岐、范甯及王應麟之失，而補其所遺。……

〔註68〕《潛研堂文集》卷四十三《李南澗墓誌銘》。
〔註69〕李文藻《南澗文集》卷上《琉璃廠書肆記》。
〔註70〕《李南澗之藏書及其他》，《近代著名圖書館館刊薈萃》第九冊《山東省立圖書館季刊》第一集第一期（1936.12）。
〔註71〕黃雲眉《邵二雲先生年譜》乾隆三十四年、二十七歲條。
〔註72〕戴震著《經考》卷末李文藻撰跋。
〔註73〕李文藻《南澗文集》卷上《送馮魚山說文記》。

君又病《宋史》是非失實，且久居山陰四明之間，習聞里中諸老先
生緒言，遂創為《南都事略》一編。……外又有《方輿金石編目》、
《皇朝大臣諡法錄》、《輶軒日記》、《南江文稿》、《南江詩稿》等。
若奉命校秘閣書，如薛居正《五代史》等，皆君一手勘定。分校石
經，君職《春秋三傳》，所正字體，亦較他經獨多。生平為文，操筆
立就，有大述作，咸出君手。其沖和淵懿，奧衍奇古，則又君之學
為之也。〔註74〕

從這些大體的學術成果中，可見他也是繼承了錢大昕的衣缽，是為一位經史兼
通的學者。在治小學與經學上，他和錢大昕一樣重視漢學，認識到：「漢人治
經有師法，長言短言，開唇合唇，音相轉而不為一定，要不離乎聲始，故義相
貫通。至孫叔然制反語，則音有所拘，馴至義有所窒。薛綜注張平子賦，已有
反語，則知叔然之說，在當時已屬盛行，不復推求古訓。沿至六朝，遂分四聲
之韻，迭相祖述，韻書日益日歧而古音微矣。」〔註75〕認為漢代的人更接近孔
子的時代，所注文字音韻還沒有像後代那樣產生變化，更接近經文原義。他曾
著《爾雅正義》二十卷，在此書序言中，追述《爾雅》一門學術淵源與傳承變
遷的同時也指出《爾雅》之學當今之弊，也談到自己的感受：

晉涵少蒙義方，獲受雅訓，長涉諸經，益知《爾雅》為五經之
鈐鍵。……爰據唐石經暨宋槧本，及諸書所徵引者，審定經文，增
校郭注，仿唐人正義，繹其義蘊，彰其隱賾。竊以釋經之體，事必
擇善而從，義非一端可盡。……同者宜得其會通，異者可博其旨趣。

今以郭注為主，無妨兼采諸家，分疏於下，用俟辯章。〔註76〕

認為《爾雅》是治經的關鍵，晉代郭璞的注多脫落不全，須旁採諸家重新注疏。
他走的也是由小學入經學的路子。

在四庫館時，邵晉涵從《永樂大典》中輯出散亂已久的薛居正《舊五代史》。
嘗言：

蓋修所作，皆刊削舊史之文，意主斷制，不肯以記載叢碎自貶
其體，故其詞極工，而於情事或不能詳備。至居正等奉詔撰述，本
在宋初，其時秉筆之臣，尚多逮五代事，見聞較近，紀傳皆首尾完

〔註74〕洪亮吉《卷施閣文甲集》卷九《邵學士家傳》。
〔註75〕邵晉涵《南江文鈔》卷五《漢魏音序》。
〔註76〕邵晉涵著《爾雅正義》卷首《序》。

具，可以徵信，故異同所在，較核事蹟，往往以此書為長。雖其文體卑弱，不免敘次煩冗之病，而遺文瑣事，反藉以獲傳，實足為考古者參稽之助。又《歐史》止述司天、職方二考，而諸志俱闕，凡禮樂職官之制度，選舉刑法之沿革，上承唐典，下開宋制者，一概無徵，亦不及《薛史》諸志為有裨於文獻。〔註77〕

認為歐史為後人刊削一過，加入後人主觀因素，多少會有以辭廢義的狀況，故須溯本探源，尋求第一手史料，以明歷史真相。和清儒們認為唐儒注疏宋儒章句使得經學本義愈加晦塞的思路如出一轍，而又與清儒直追漢儒家法以深求經學大義的做法何其類似。此外，像「凡禮樂職官之制度，選舉刑法之沿革，上承唐典，下開宋制者，一概無徵」之處，恰是經學上為明經而尤為重視的典章制度沿革，邵晉涵能一眼慧及此處，並將其作為《舊五代史》不可偏廢的一大主因（另一主因是「較核事蹟」為長），與其說是史家的慧眼識珠，不如說是經學上的學術思維使然。

錢大昕的經史之學，也影響到嘉定錢氏一家子弟，其弟錢大昭、族侄錢塘、錢坫皆為當時著名學者。「塘少大昕七歲，相與共學。又與大昕弟大昭及弟坫相切磋，為實事求是之學。於聲音、文字、律呂、推步，尤有神解。著《律呂古義》六卷，……又《史記三書釋疑》三卷，……又著《泮宮雅樂釋律》四卷，《說文聲系》二十卷，《淮南天文訓補注》三卷。其所作古文曰《述古編》，凡四卷。」〔註78〕可見錢氏族人皆通經史，多有經史著述，可謂博通。嘉慶二年（1797年），錢大昭著《三國志辨疑》成，錢大昕高興地為他撰寫序言：

陳承祚《三國志》，創前人未有之例，懸諸日月而不刊者也。魏氏據中原日久而晉承其禪，當時中原人士知有魏不知有蜀、吳也。自承祚書出，始正三國之名，且先蜀而後吳，又於《楊戲傳》末載《季漢輔臣贊》，靈靈數百言，所以尊蜀殊於魏、吳也；存「季漢」之名者，明乎蜀之實漢也。……夫晉之祖宗所北面而事者，魏也。蜀之滅，晉實為之，吳、蜀既亡，群然一詞，指為偽朝。乃承祚不唯不偽之，且引魏以匹二國，其秉筆之公，視南、董何多讓焉！……然吾所以重承祚者，又在乎敘事之可信。蓋史臣載筆，事久則議論易公，世近則見聞必確。三國介漢、晉之間，首尾相涉，垂及百年，

〔註77〕《舊五代史》卷末附錄《舊五代史撮要》。
〔註78〕《清史稿》卷四百八十一《錢塘傳》，《潛研堂文集》卷三十九《溉亭別傳》。

－46－

兩史有違失者，往往賴此書正之。……蔚宗號稱良史，然去東京歲
月遙遠，較之承祚，則傳聞之與親睹，固不可同年而語矣。若《晉
書》修於唐初，時代益復邈隔，又雜出眾手，非專家之業，其罅漏
百出，奚足怪哉！予性喜史學，馬、班而外，即推此書，以為過於
范、歐陽，而裴氏注遮羅闕佚，尤為陳氏功臣。所恨意存涉獵，不
能專力。〔註79〕

錢大昕對陳壽《三國志》的推崇，可見他求得歷史真實的治史態度。「當時中
原人士知有魏而不知有蜀、吳……始正三國之名」在於求其古，「存『季漢』
之名者，明乎蜀之實漢」在於求其實，「世近則見聞必確……蔚宗號稱良史，
然去東京歲月遙遠，較之承祚，則傳聞之與親睹，固不可同年而語」也和經學
上興復漢學的思路相一致。錢大昭也正是本著這種態度，才為陳壽《三國志》
做辨疑。盧文弨表彰錢大昭的考史之功云：

嘉定錢君晦之，其學浩博無涯涘，其思緒細密，精識洞達，治
經而經通，於周、秦、漢、魏之書，無不爬羅別抉。……夫史莫重
於表志，而自漢東京以至於隋，志尚間見之，表則全闕。表也者，
標也，標明其義類，使綱舉而目張，馬、班之為是也，亦兼以補紀
傳之所未及。今則年代懸隔，古籍散亡，……唯即舊文之留傳者而
薈萃之。然亦未嘗不增益於范書之外，俾夫善讀史者，更得參互考
證，以資其聞見。於凡政治之汙隆，職官之賢否，一開卷而瞭如指
掌，以之為津筏也可，以之為龜鏡也可。……此豈讀書略觀大意者
之所能乎哉？錢君之於史事，其精確也如是，況於治經乎？〔註80〕

錢氏族人經史皆通的學術傳統也能受到學界同仁的認可。

在任教書院之時，錢大昕循循善誘，將自己的學問傳授給讀書士子，做到
學術有所傳承。乾隆四十三年（1778年），錢大昕應兩江總督高晉聘請出任南
京鍾山書院院長。到任伊始即「與諸生講論古學，以通經讀史為先。」〔註81〕
在執教南京鍾山書院、太倉婁東書院、蘇州紫陽書院期間，經他指授而成材的
人有很多。例如他在紫陽書院最久，共十六年，「一時賢士受業於門下者，不
下二千人，悉皆精研古學，實事求是。如李茂才銳之算術，夏廣文文濤之輿地，

〔註79〕《潛研堂文集》卷二十四《三國志辨疑序》。
〔註80〕《抱經堂文集》卷四《錢晦之大昭後漢書補表序》。
〔註81〕錢大昕自編《竹汀居士年譜》乾隆四十三年戊戌、五十一歲條。

鈕布衣樹玉之《說文》，費孝廉士璣之經術，張徵君燕昌之金石，陳工部稽亭先生之史學，幾千年之絕學，萃於諸公，而一折衷於講席。余如顧學士純、茂才廣圻，李孝廉福，陳觀察鍾麟，陶觀察梁，徐閣學頲，潘尚書世恩、戶部世璜，蔡明經云，董觀察國華輩，不專名一家，皆當時之傑出者也。」〔註82〕鈕樹玉專門拜訪他討論段玉裁《古文尚書撰異》的得失。作為後學的段玉裁也曾請教錢大昕。乾隆四十六年（1781年），段玉裁自四川辭官返鄉途經南京時曾謁錢大昕於鍾山書院。事後自言請教心得云：「詹事又言，考證果到確處，便觸處無礙。如東原在都門分別《水經》與酈注，得其體例，渙然冰釋。」〔註83〕錢大昕也努力提攜後學，表彰他們的學術貢獻。乾隆五十二年（1787年），錢大昕為梁玉繩《史記志疑》撰序云：「太史公修《史記》以繼《春秋》，其述作依乎經，其議論兼乎子，班氏父子因其例而損益之，遂為史家之宗。……史家以不虛美、不隱惡為良，美惡不掩，各從其實，何名為謗？……至於斟酌群言，不沒人善，臣瓚注史，廣搜李、應、如、蘇，范甯解經，兼取江、徐、泰、邵。分之未足為珍，合之乃成其美，洵足為龍門之功臣，襲《集解》、《索隱》、《正義》而四之者矣。」〔註84〕梁氏注史能夠做到廣搜諸家、博採眾長而能會通群言的地步，恰是符合了錢大昕博學而會通的精神。所以錢大昕認為此書可與《史記》三家注相媲美。乾隆五十三年（1788年），錢大昕為蕭掄著《釋車》撰序，推許蕭著「考證博洽」，勝過戴震《考工圖記》和錢坫《車制考》等相關著述。說此書「以經文為綱，參取諸儒訓詁而折衷之，其有功於禮家甚鉅。」還說解決了他「束髮受經，於器服制度范乎若迷，中年讀史，至《輿服志》往往昧於句度」〔註85〕的諸多疑問。在錢氏看來，此書正是出於解經要求而對器物的具體研究，既有益於經學，又有益於史學。歸根結底，對於車馬輿服的研究屬於史學，這項史學研究為解經服務的，故「其有功於禮家甚鉅」。

〔註82〕錢慶增《竹汀居士年譜續編》乾隆五十八年、六十六歲條。

〔註83〕段玉裁《古文尚書撰異》卷十三乾隆五十五年七月自識。

〔註84〕梁玉繩《史記志疑》卷首錢大昕《序》。

〔註85〕《潛研堂文集》卷二十四《釋車序》。

第三章　王鳴盛的經史異同

　　王鳴盛，字鳳喈，號禮堂，又號西莊，江蘇嘉定人，生於康熙六十一年（1722年），卒於嘉慶二年（1797年）。學術上兼治經史，經學上有《尚書後案》三十卷，史學上有《十七史商榷》一百卷，另有《蛾術編》一百卷，《西莊始存稿》四十卷。治學以經學為基礎，以史學為依歸，其路數、方法多有相同相通之處，但也間或有異。經學上倡導嚴守漢儒家法，史學上卻好馳騁議論。觀念上倡導實學，於文字校訂、地理考實、制度沿革、人物品評方面用功頗深，最終以史學成就留名後世。

一、王鳴盛的學術交遊

　　王鳴盛年長錢大昕六歲，兩人既是同鄉，又是親戚。王鳴盛的胞妹王順瑛嫁給了錢大昕。兩人定交於乾隆七年（1742年），錢大昕說：「予生晚，不及見諸先輩。西莊長予六歲，而學成最早，予得聞其緒論，稍知古學之門徑。」〔註1〕兩人又一同在蘇州紫陽書院求學，有著共同的朋友王昶、褚寅亮、曹仁虎等。和錢大昕一樣，王鳴盛兼治經史也與當時書院院長王峻倡導讀書自經史始有關，後來的治史方法也有受王峻影響。在老師一輩中，詩名甚高的沈德潛給過王鳴盛培養詩才以重要影響。王鳴盛也曾問學於惠棟、沈彤等人，成為亦師亦友的忘年之交。在學術上王鳴盛深受吳派惠棟的影響，對惠氏的學術欽敬有加，推崇備至。在他以後的人生中，多次提到「亡友惠定宇」〔註2〕、「吾交天

〔註1〕《潛研堂文集》卷二十六《習庵先生詩集序》。
〔註2〕《十七史商榷》卷九十八《十國春秋》。

下士,得通經者二人,吳郡惠定宇、歙州戴東原也」〔註3〕、「吾友惠徵士棟」
〔註4〕等語。也曾賦詩「空谷斯人在,歸山獨下帷,窮經惟復古,守道不干時,
洞擬題三詔,詩應續五噫,我來因聽講,長與白雲期」,「紅豆風流啟後賢,鏗
鏘伉伉腹便便,世人未得窺新著,只愛漁洋有鄭箋」〔註5〕云云,可見他對惠
氏希心復古、恪守漢儒的服膺。可以說,正是青年時期從惠棟問經學,才奠定
了他經學研究的理念基礎。惠棟在所著《古文尚書考》中說:「鄭康成所傳之
二十四篇,即孔壁真古文。」王鳴盛著《尚書後案》也認為「東晉之古文固偽,
而馬、鄭所注,實孔壁之古文也。東晉所獻之《太誓》固偽,而唐人所斥為偽
《太誓》者實非偽也。」〔註6〕實際上即是為惠氏的說法辯護。

　　乾隆十九年(1754年),王鳴盛與錢大昕一同在北京會試中考中進士,得
授翰林院編修。刑部尚書秦蕙田也聘他參預修撰《五禮通考》,可以想見,在
禮學上,他也多多少少受過秦蕙田的影響。在宦遊時期,王鳴盛的為官之路比
起錢大昕可以說是一帆風順。乾隆二十三年(1758年)即擢為侍講學士,任
日講起居注官。次年充任福建鄉試正考官,隨後升任內閣學士兼禮部侍郎。此
後又連放山東、湖南、浙江、河南主考副主考等,官至少詹事,廣東學政。乾
隆二十八年(1763),王鳴盛四十二歲時,因奔母喪之機休官歸家。此後定居
蘇州,不再做官,專心從事經史研究、著書立說。當時蘇州是北京之外江南地
區講論經史之學的中心,地方經濟繁盛、生活條件優越,獲得書籍便利,許多
學者都定居於此,一時人文薈萃。以致這裡不僅是清代的經濟中心,也成為了
江南的文化中心,學術交流頻繁。王鳴盛「卜居蘇州閶門外,不與當事通謁,
亦不與朝貴通音問,惟好汲引後進,一篇一句之工,獎賞不去口,或評選其佳
者,刊而行之。」〔註7〕他的主要著作皆在蘇州完成。《尚書後案》草創於乾隆
十年(1745年),歷經三十餘年,到乾隆四十四年(1779年)全書方才完成。
他在乾隆二十八年休官以後開始做《十七史商榷》,與《尚書後案》的撰寫交
互進行,至乾隆五十二年(1787年)全書刊行,那時他已六十六歲。兩年後王
鳴盛雙眼失明,後來雖然復明,卻已經老了,精力大不如前,但他仍修訂不輟。
《蛾術編》大致成書於嘉慶二年(1797年),王氏自詡:「是編之成,一生心力

〔註3〕《西莊始存稿》卷十五《古經解鉤沉序》。
〔註4〕《蛾術編》卷二《採集群書引用古學》。
〔註5〕《西沚居士集》卷十二《贈惠棟》,卷二十二《長洲惠文學棟》。
〔註6〕江藩《國朝漢學師承記》卷三。
〔註7〕《潛研堂文集》卷四十八《西沚先生墓誌銘》。

實耗於此，當有知我於異世之後者。」〔註8〕

　　毫無疑問，王鳴盛一生中最重要也是最親密的學術交遊夥伴乃是其妹婿錢大昕。二人有著同鄉、同學、親戚等諸多關係，少年時一起在蘇州紫陽書院求學，又結成親戚；青年時一同中進士，又一同在京為官十年；壯年時同為丁憂去官，歸田後晚年又同住蘇州，人生歷程何其近似，其間學術交遊與切磋可謂貫穿一生。錢大昕為王鳴盛做墓誌銘回顧兩人一生交誼時說：

> 予與西沚總角交，予妻又其女弟，幼同學，長同官，及歸田，衡宇相望，奇文疑義，質難無虛日。予騖緩，西沚數鍼厲之，始克樹立。平生道義之交，無逾西沚，常以異姓軾、轍相況，匪由親串暱就，輒相標榜也。〔註9〕

認為王鳴盛是平生最志同道合的摯友，將兩人的感情比作兄弟一般。在他們的生活與學術交往中也確實是這樣。錢大昕曾撰詩紀念二人夜談：「刻燭論心水乳投，廿年親串意綢繆。前身兄弟機雲似，仍占東西屋兩頭。圍爐鐙火夜團團，丈室居然夏屋寬。爨婢奚奴無彼此，兩家原當一家看。」〔註10〕王鳴盛也曾在分別時有：「牛耳平生每互持，江東無我獨卿馳」之句留念。〔註11〕可見二人生活關係的親密，也有著學術上相互砥礪，較量高下的用意。

　　二人確實在學術上有著相互較量之意。錢大昕撰述《廿二史考異》是在乾隆三十二年（1767年），雖比王鳴盛開始寫《十七史商榷》晚幾年，但結果卻更早地在乾隆四十七年（1782年）刊出。《十七史商榷》刊成後，錢大昕即去書索觀：「《十七史商榷》聞已刊成，或有訛字，且未便刷印，乞將樣本寄下。」〔註12〕王鳴盛覆書：「上次賜示零星小誤，叼教已深，今又承指應改二處，直諒多聞，兼之矣。向後一有得，乞即寄來。切切。海內能讀此書者不過十餘人，如紹弓、輔之，又遠隔京華，不得不向吾兄而求益。其不及盡改者，總入《蛾術編》可也。」〔註13〕可見錢大昕對《十七史商榷》是有所指正的，而王鳴盛卻頗為自負，認為不過是「零星小誤」。王氏說「海內能讀此書者不過十餘人」

〔註8〕　《蛾術編》姚承緒跋。
〔註9〕　《潛研堂文集》卷四十八《西沚先生墓誌銘》。
〔註10〕　《潛研堂詩集》卷四《移寓珠曹街與禮堂夜話》。
〔註11〕　《西沚居士集》卷十七《奉使出都留別妹婿錢宮贊次送行韻》。
〔註12〕　《潛研堂文集》卷三十五《答王西莊書》。
〔註13〕　吳修《昭代名人尺牘小傳》卷二十二，光緒三十四年（1908）上海集古齋石印本。

未免自滿，對於來不及改動的地方將來要歸入《蛾術編》的說法恐怕也是保全顏面的委婉說辭。王鳴盛在心理上不想在學術成就與造詣上輸於他這個妹婿錢大昕。也有一件事很能說明問題。王鳴盛的《十七史商榷》只有自序一篇，且言「平生不喜為人作序，故亦不求序於人，聊復自道其區區務實之微意」〔註14〕。而錢大昕《廿二史考異》也僅有一篇自序，言道：「桑榆景迫，學殖無成，惟有實事求是，護惜古人之苦心，可與海內共白。自知盤燭之光，必多罅漏，所冀有道君子，理而董之。」〔註15〕可見兩人對自己的著作能夠傳諸後世、得遇知音是深信不疑的。

在同齡人中，王鳴盛另一重要的學術夥伴是王昶。王昶（1725～1806），字德甫、別字琴德，號述庵、又號蘭泉，江蘇青浦人，著有《春融堂集》六十八卷，輯有《金石萃編》。他與王鳴盛、錢大昕有著同樣深厚的交情。三人共同在蘇州紫陽書院學習，當時的老師沈德潛輯《吳中七子詩選》，三人均在列，乾隆十九年又共同中進士。王昶晚年致仕後歸居老家青浦，與定居蘇州的王、錢二人時常聚首，共同參與吳中文酒宴會，有「江南三老」之稱。王鳴盛曾說：「予少攻詩，祖構一隅，於古作者之波瀾房奧，懵然未有所得，其後與琴德遊，上下其議論，不覺心開目明，始能稍稍窺見六義之旨。」〔註16〕敘述學問上得王昶啟發甚多。此外，王鳴盛還與江聲、戴震、程晉芳、孫星衍、王又曾、張汝霖、褚寅亮、姚鼐等人有著學術上的交往。王鳴盛著《尚書後案》即說：「草創於乙丑，予甫二十有四，成於己亥，五十有八矣。寢食此中，將三紀矣。又就正於有道江聲，乃克成此編。予於鄭氏一家之學，可謂盡心焉耳，若云有功於經則吾豈敢。」江聲是為惠棟入室弟子，王鳴盛早年問經於惠棟，經學著作即就正於惠氏弟子，其學術淵源昭然可辨。江藩將他歸入吳派是有道理的。戴震在看過《尚書後案·堯典注》後覆信曰：「承示《書·堯典注》，逐條之下，辨正字體、字音，悉準乎古，及論列古訓，先徵《爾雅》，乃後廣搜漢儒之說，功勤而益鉅，誠學古之津涉也。……六書廢棄，經學荒謬，二千年以至今。足下思奮乎二千年之後，好古洞其原，諒不僅市古為也。僕情僻識狹，以謂信古而愚，愈於不知而作，但宜推求，勿為株守。」〔註17〕一方面肯定了王鳴盛勤

〔註14〕《十七史商榷序》。
〔註15〕《廿二史考異序》。
〔註16〕《西莊始存稿》卷十七《王琴德詩集序》。
〔註17〕《戴震文集》卷三《與王內翰鳳喈書》。

注經典，興復古學的努力，另一面也提出不能凡古必信，株守舊聞的觀點，體現了皖派求其是與吳派求其古兩種學術特徵的異趣。

二、經史兼治中的同異之處

王鳴盛的治學實際上是以經學起家，以史學傳世，其經史兼治的學術特徵突出地表現在希心復古、恪守漢儒家法上。在此基礎上，做到博中取約，言而有據，也不乏求實的精神。但其驕傲自滿的態度及詆訶前哲的做法實足後人戒。

和錢大昕一樣，王鳴盛走的也是一條由小學入經學，由經學入史學的路子。前文提到，為反對明末講習語錄糟粕、束書不觀、遊談無根的空疏學風，顧炎武起而提倡「讀九經自考文始，考文自知音始」〔註18〕，通過治實學的方法引導學風的轉變。其後閻若璩、胡渭、萬斯同、惠棟等清初學術大師風而繼起，共同引領者有清一代的學術風向。流風所及，王鳴盛也正是在這種學風的引導下走入學術殿堂的。正如他所述：「相率杜門掃軌，平心易氣，以穿穴於傳注訓詁、辯證援據之中，百數十年以來，窮經考史之學彬彬繼起。」〔註19〕所以，在他的觀念之中，對於走怎樣的學術路子，已然有一個清醒的認識：「學問之道，首識字，次窮經，次考史。」〔註20〕即先治小學，再治經學，其後再治史學。按他一生治學的大體順序來講，他確實是做到了。乾隆六十年（1795年），王鳴盛應孫星衍之請為其《問字堂集》撰序時曾特別談到何以治學當從小學始：

> 夫學必以通經為要，通經必以識字為基，自故明士不通經，讀書皆亂讀，學術之壞敗極矣，又何文之足言哉？天運循環，本朝蔚興，百數十年來，如顧寧人、閻百詩、萬季野、惠定宇，名儒踵相接，而尤幸《說文》之巋然獨存，使學者得所據依，以為通經之本務。……昔者孔子書《六經》，左丘明述《春秋傳》，皆以古文。孔子時，天下皆用籀文，孔子獨違眾而用古文，……文、武、周公何知後世有籀文哉？獨恨秦火以後，輾轉變易，較壁中書，大非其舊。《說文》雖參用秦篆，然其引經，《易》孟氏、《書》孔氏、《詩》毛

〔註18〕《亭林文集》卷四《答李子德書》。
〔註19〕陳鴻森《王鳴盛西莊遺文輯存》，《大陸雜誌》，1999，100（6）：123～163。
〔註20〕褚寅亮《儀禮管見》卷首王鳴盛《序》。

氏、《禮》《周官》、《春秋》左氏，皆古文也。陸德明《經典釋文》、
孔穎達等《九經正義》，雖去取未盡當，然得者猶大半焉。奈何唐明
皇命學士衛包盡改古以從俗，而《開成石經》現在，恐又有改衛包
之所未及改者。蓋唐以後之《九經》，又非陸德明、孔穎達等之本，
惟《說文》特完，則天之未喪斯文也。〔註21〕

這裡談到，孔子刪定六經的時候，不是用的天下通行的籀文，而是用的古文。
因為用古文記述周初的事會顯得更加真實。在秦代焚書之後，經過輾轉變易
艱難流傳下來的經書已經經歷了極大的改變，早已不是原來的面貌。後人為
讀懂經書，又須以當時時代的語言來注解，經書的版本也是以當時的文字來
流傳。這些經典的流傳在唐初是一大變，然而猶能得孔子原義大半，至唐明
皇又一變，已然「盡改古以從俗」。所以，要瞭解孔子原義、六經要旨，後人
必須要從小學入手來治經。也只有這樣由小學入於經學，經學才可信。這段
話也同樣解釋了小學以《說文》為宗的原因。如果說經學義疏及小學都是求
取經義的鑰匙，那麼只有小學中《說文》這把鑰匙還是孔子刪定六經時的鑰
匙，因為只有這把鑰匙沒有隨著時代的改變而改變。王鳴盛強調學者必須通
《說文》，具備小學的功底。「凡訓詁，當以毛萇、孟喜、京房、鄭康成、服
虔、何休為宗，文字當以許氏為宗。然必先究文字，後通訓詁，故《說文》為
天下第一種書。讀遍天下書，不讀《說文》，猶不讀也。但能通《說文》，餘書
皆未讀，不可謂非通儒也。」〔註22〕在他看來，不通《說文》，即便讀了天下
的書，還不如不讀，而一旦能通《說文》，即可謂通儒。這種說法雖然有些誇
張，但強烈表明了他主張先治小學的態度。在他的觀念中，小學是經學的基
礎，治經斷不可離開小學。他說：「小學者，經之始基」，「小學卻為經之根本，
自唐衰下訖明季，經學廢墜，千餘年無人通經，總為小學壞亂，無小學自然
無經學」〔註23〕。所以他在治《尚書》時認為「《尚書》古文是予專門之業，
而小學則尤其切要者」〔註24〕

　　王鳴盛在經學上的主要著述有《尚書後案》和《周禮軍賦說》兩部。在他
的學術生涯中，這兩部書是較早開始撰述的。《尚書後案》前文言過，《周禮軍

〔註21〕孫星衍《問字堂集》卷首王鳴盛《問字堂集序》。
〔註22〕陳鴻森《王鳴盛西莊遺文輯存》卷中《說文解字正義序》。
〔註23〕《蛾術編》卷一《五經先後次敘》，《史漢敘列五經行次多誤皆傳寫刻鏤之訛》。
〔註24〕《十七史商榷》卷二十二《三蒼以下諸家》。

賦說》也成書較早，收在他早年的文集《西莊始存稿》中。在治經的過程中，他不僅僅是校訂文字，更涉及名物、制度、地理等，這就牽涉到了史學的要素，《十七史商榷》中即多有「餘已詳予所著《尚書後案》及《後辨》」〔註25〕等語。而且，他在治《尚書》之外，經書中尤重《春秋》、《左轉》、《周禮》。《尚書》與《春秋》作為史書起源一為記言，一為記事，故而他又水到渠成地由治經轉為治史。不僅如此，他更將小學的功底自然而然地帶入史學研究，用之兼治經史。於是他又將小學作為研治經史的基礎：「未通小學不可說五經、《史》、《漢》」〔註26〕，「識字為讀書之基，基苟不立，何由而進於高大哉⋯⋯由此以窮經，而經中之訓詁明，旁及歷代史鑒、諸子文集亦皆可讀」〔註27〕。在未治史之前，他即已有了小學可以用來治史的認識，從他表彰錢大昭的著作《兩漢書辨疑》中即可看出：

> 《兩漢》文字近古，與《五經》相出入，不識字、不通古學者，固難與語此。可廬精於《說文》，深通古訓，穿穴經史傳記，墓銘碑碣，善求其間，識純而心細，實事求是，不屑為支蔓語，故能折衷群疑。而於官制、地理，所得尤多，洵班、范之功臣，史家之指南也。予向因專力治經，未遑究心乙部，然於讀史之道，固亦略識其梗概。異日拙著《尚書後案》成，當研考諸史，庶幾與可廬共相析疑矣。〔註28〕

瞭解了王鳴盛的治學路徑，我們便不難分析其兼治經史的同異之處了。概括而言，王氏治經與治史的相同之處有如下幾點：

一、治學方法上重小學，既以小學治經，又以小學治史。這一點即上文所言的王鳴盛以小學作為研治經史的基礎。無論治經治史，均是應用小學的方法，「但當正文字、辨音讀、釋訓詁、通傳注則義理自見，而道在其中矣。」〔註29〕在他的治學過程中，《說文》、《爾雅》成了必不可少的關鍵。他說：「要之，《說文》從《史篇》溯原而上，兼取古文，又復下參秦篆，會通古今，既精且博，所收之字比楊雄又甚多，固已美備，況又當諸家盡亡之後，欲求識字，舍此奚適邪？唐宋元明知尊信《說文》者絕少其人，甚至如鄭樵譏《說文》止

〔註25〕《十七史商榷》卷二十二《尚書古文篇數》。
〔註26〕《十七史商榷》卷二十五《終陽》。
〔註27〕陳鴻森《王鳴盛西莊遺文輯存》，《大陸雜誌》，1999，100（6）：123～163。
〔註28〕錢大昭《兩漢書辨疑》卷首王鳴盛《序》。
〔註29〕《十七史商榷序》。

得象形、諧聲二書，六書失其四，何其妄也。予謂欲讀書必先求識字，欲識字必先通《說文》，後生淺涉，未得其門。」〔註30〕將《說文》推到了極高的高度，儼然成為了讀書識字的必要條件，同時他也以鄭樵為例批評不懂《說文》的人。

二、治學規模上做通儒之學，又能由博返約。比起錢大昕來，王鳴盛的學術規模也不算狹小，做的也是通儒之學，他說：「大約學問之道，當觀其會通，知今不知古，俗儒之陋也，知古不知今，迂儒之癖也，心存稽古，用乃隨時，並行而不相悖，是謂通儒。」〔註31〕王氏於經史子集廣泛涉獵，在當時即有通人之目。吳江沈懋德說：「西莊先生著述富有，同時後進，稱其遠儕伯厚，近匹弇州。而先生自任亦曰：『我於經有《尚書後案》，於史有《十七史商榷》，於子有《蛾術編》，於集有詩文，以敵弇州四部，其庶幾乎！』」〔註32〕將王鳴盛的學術規模比作宋代的王應麟和明代的王世貞。同時王鳴盛也以王世貞自比，頗有自賞之意。乾嘉時雖考據興盛，但考史一般不過前四史。王鳴盛嘗言「十七史者，上起《史記》，下訖《五代史》，……海虞毛晉汲古閣所刻，行世已久，而從未有全校之一周者」〔註33〕，發願做通史校勘，而其中包括《舊唐書》、《舊五代史》，實際上乃是十九史。在博通的基礎之上，王鳴盛也能繼承顧炎武的遺風，做到由博返約，經學上精通鄭學，史學上明乎典章制度、輿地沿革。王氏曾借為人撰序之機特自詡地理之精曰：

> 予撰《十七史商榷》百卷，一切典故無所不考，而其所尤盡心者，地理也。蓋人慾考古，必先明地理。地理既明，於古形勢情事皆如目睹，然後國運之強弱，政治之得失，民生之利害，人才之賢否，皆可口講指畫，不出戶庭，而知四海九洲之遠，立乎今日，而知數千百年之久皆在是矣，此其所以為通儒也。不先明此，而欲尋行數墨以求之，此矮人看場，所見能幾何哉？……且史家之為地志也，其例有二，有以全盛為主者，有以最後為主者。……大抵地理志也，表也，圖也，三者闕一不可，若憎其繁絮，欲求省淨，則世間閒筆浪墨不知凡幾，乃於實學所在，惜其勞費乎？〔註34〕

〔註30〕《十七史商榷》卷二十二《三蒼以下諸家》。
〔註31〕《十七史商榷》卷八十二《唐以前音學諸書》。
〔註32〕《蛾術編》沈懋德跋。
〔註33〕《十七史商榷序》。
〔註34〕徐文範《東晉南北朝輿地表》卷首王鳴盛《序》。

　　三、學術特徵上希心復古，嚴守家法。這一點是王鳴盛經史之學中的重點所在。王氏受吳派惠棟影響，一心求古，以古為是，專注於恢復漢儒學術。惠棟講：「經之義存乎訓，識字審音，乃知其義，是故古訓不可改也，經師不可廢也。」〔註35〕王鳴盛即秉承其說。乾隆四十五年（1780年）《尚書後案》刊行時，王鳴盛說「《尚書後案》何為作也？所以發揮鄭氏康成一家之學也。……予遍觀群書，搜羅鄭注，惜已殘缺，聊取馬、王傳疏益之，又作案以釋鄭義，馬、王傳疏與鄭異者，條析其非，折衷於鄭氏。名曰《後案》者，言最後所存之案也。……予於鄭氏一家之學，可謂盡心焉耳。」〔註36〕明確表示他所做的努力全是為了發揮鄭玄對《尚書》的解說。為此，他極力倡導古學：「國家以實政臨民，以實學造士，聖天子壽考作人，屢中明詔，敦尚經術。海內學士大夫靡然向風，蒸蒸日上。於是氣運當郅隆之會，而文運之光明亦隨之而逾盛，凡庸惡選手、腐爛時文，皆格而不行，惟經學是務。……予謂學莫貴乎有本，而功莫大於存古。」〔註37〕從國家大政、推動文化的角度出發為興復古學造勢。在如何保存古學、做到真實地復古上，王鳴盛信奉應當嚴守漢儒家法，以漢學為正宗，經義上宗主鄭玄，文字宗主許慎。在王鳴盛的觀念中，曾對「家法」下過一個定義：「漢儒說經，各有家法。何謂家法？經者，夫子之所修，而七十子傳之。遞相授受，以及於漢儒，必定從一家以名其學，故謂之家法也。」〔註38〕還說：「學問之道，首識字，次窮經，次考史。然史學不必有所專主，而字學、經學則必定其所宗，文字宜宗許叔重，經義宜宗鄭康成，此金科玉條，斷然不可改移者也。……夫說經必有所專主，此漢經師所謂家法，予撰《十七史商榷》暨《蛾術編》，已備著其說矣。」〔註39〕他是這樣說的，也確實是嚴格地這樣做的。「古學已亡，後人從群書中所引，采集成編，此法始於宋王應麟《周易鄭康成注》及《詩考》。昔吾友惠徵士棟，仿而行之，采鄭氏《尚書注》，嫁名於王以為重。予為補綴，並補馬融、王肅二家，入之《後案》，並取一切雜書益之。然逐條下但采其最在前之書名注於下，以明所出，如此已足。」〔註40〕王氏嘗言「予小子則守鄭氏家法者也，方且退處義疏之末，步孔、賈后

〔註35〕惠棟《九經古義述首》。
〔註36〕《尚書後案》卷首王氏《自序》。
〔註37〕余蕭客著《古經解鉤沈》卷首王鳴盛《序》。
〔註38〕嚴蔚輯《春秋內傳古注輯存》卷首王鳴盛序。
〔註39〕褚寅亮著《儀禮管見》卷首王鳴盛《序》。
〔註40〕《蛾術編》卷二《采集群書引用古學》。

塵」〔註41〕，儼然以鄭學的衛道者自居。他對於漢儒經師的存古之功大為推服，說：

> 愚謂斯文未喪，漢儒之功大者四人，於經傳則鄭康成為最，次何休，次虞翻，次服虔；於文字則許慎；若義疏則最善者《公羊》，次《毛詩》、《禮記》、《儀禮》，次《周禮》，次《左傳》，次《尚書》；若《穀梁注疏》，使為附庸亦足矣。服與鄭齊名而居末，何也？服功在傳不在經也。何休亦功在傳而亞於鄭，何也？無休則無《公羊》，無《公羊》則無《春秋》也。《公羊》無疏則堙滅，故以為各疏之冠也。〔註42〕

對於漢代經師的考評也以存古之功的大小來論列。對於不能存古、不能嚴守家法的後世經師，王鳴盛表示了極大的不滿。唐初修《五經正義》廢鄭玄、服虔說而不用，王說：

> 學皆北是南非，而《易》、《書》、《左》，唐人廢北用南，其端皆發於劉焯、劉炫。……唐虞以下，群聖迭興，直至周衰，惟吾夫子為生民未有之一人，故學無常師。自非夫子，誰敢祖述堯舜、憲章文武、金聲玉振、集其大成而刪定五經乎！夫子沒，七十子各守其家法，歷六國、暴秦，東西兩漢，經生蝟起，傳注麻列，人專一經，經專一師，直至漢末，有鄭康成，方兼眾經，自非康成，誰敢囊括大典、網羅眾家、刪裁繁誣、刊改漏失、使學者知所歸乎！自有二劉會通南北，而漢學遂亡其半矣。〔註43〕

認為參預《五經正義》的劉焯、劉炫二人是有罪於聖人之學的。經學上這種好古而嚴守家法的性格無疑地也影響到了他的考史。他明言考史所應有之態度：「生古人後，但當為古人考誤訂疑，若鑿空翻案，動思掩蓋古人以自為功，其情最為可惡。」〔註44〕在治史的同時，他時時不忘闡揚鄭學，也時時不忘捍衛家法。對《後漢書·鄭康成傳》講到康成注經而未提《周禮》時，特意指出：「康成所注諸經，《周禮》尤其精者，此但言《儀禮》、《禮記》，不言《周禮》，蓋傳寫脫去。」對於「康成經傳洽熟，稱為純儒，齊魯間宗之」等語，王氏竟也妄言「鄭學天下所宗，豈但齊魯？」〔註45〕又專作《師法》條為之

〔註41〕《蛾術編》卷四《光被》。
〔註42〕《蛾術編》卷七《公羊傳疏》。
〔註43〕《蛾術編》卷二《劉焯劉炫會通南北漢學亡半其罪甚大》。
〔註44〕《十七史商榷》卷一百《通鑒與十七史不可偏廢》。
〔註45〕《十七史商榷》卷三十五《康成注經》。

辯護云：「兩漢尊師法，……自唐中葉以後，凡說經者，皆以意說，無師法，夫以意說而廢師法，此夫子所謂不知而作也。」〔註46〕又云：「自唐高宗武后以下，詞藻繁興，經業遂以凋喪，宋以道學矯之，義理雖明，而古書愈無人讀矣！」〔註47〕對於唐以後的學問，他是看不起的。尤其對於不能遵守家法的宋明學人，他譏彈甚猛烈，多有「識暗心粗，膽大手滑，宋人通病」〔註48〕；「心粗膽大，而自以為是，蔑棄前人，落筆便謬，宋人往往如此」〔註49〕；「明代諸公創論不讀唐以後書，此輩固不讀唐以後書矣，而亦何嘗讀唐以前書乎」〔註50〕等語。

　　一心復古的同時，王鳴盛也存在著凡古必好、愈古愈好的毛病，以致解說經義只問是否為漢儒學說而不問其注解之是非，陷入泥古不化的誤區。例如在做《周禮軍賦說》時，王樹民先生即已指出：「他誤認為《周官》是周代實有的制度，而不知其為戰國時人雜湊成書的，所以他講到井田、溝洫、授田、軍制等問題，引證的資料十分豐富，而未能辨明古代這些問題的實際情況。」〔註51〕這是很值得我們反思的。在對歷史文獻的認識上也是這樣，他對臧榮緒《晉書》的失傳表示憤慨，表示「欲求晉史全書，自當以榮緒為正，惜其為唐人所壓，遂致失傳也。」〔註52〕殊不知唐修《晉書》也自有優點，與臧氏《晉書》一留傳至今、一湮沒亡佚恰是歷史的淘汰使然。相反他為魏收《魏書》翻案倒是有這種認識：「愚謂魏收手筆雖不高，亦未見必出諸史之下，而被謗獨甚，乃其後改修者甚多，而總不能廢收之書。千載而下，他家盡亡，收書巋然特存，則又不可解。」〔註53〕在他有著這種清醒明朗的認識同時，卻又對李延壽無一句好話。歸根結底，這些均是他腦中根深蒂固的泥古思想在作祟。嚴守家法的同時也容易造成排斥異己思想，他曾與戴震就《尚書·堯典》中「光被四表」一句的訓釋產生分歧，便武斷地認為是戴震於《十三經》檢閱不周，譏之「狂而幾於妄者乎」〔註54〕。摯友錢大昕就曾規勸他「議論須平允，詞氣須謙和」，

〔註46〕 《十七史商榷》卷二十七《師法》。
〔註47〕 《十七史商榷》卷二十二《漢藝文志考證》。
〔註48〕 《十七史商榷》卷八十八《臧玠殺崔瓊》。
〔註49〕 《十七史商榷》卷七十三《宣武帥李董劉韓事》。
〔註50〕 《十七史商榷》卷八十二《唐人文集》。
〔註51〕 王樹民《王鳴盛的經史之學》，《河北師範大學學報(哲學社會科學版)》1998.07。
〔註52〕 《十七史商榷》卷四十三《晉書唐人改修諸家盡廢》。
〔註53〕 《十七史商榷》卷六十五《魏收魏書》。
〔註54〕 《蛾術編》卷四《光被》。

不可「試訶前哲」。〔註55〕

　　不管怎樣，在反對空疏倡導實學的學風之下，王鳴盛的復古重啟淹沒千年的漢人經注於故紙堆中，能夠廣搜博採，詮釋備至，使之重現於世人，已然是達到了治學求其本源的目的。其貢獻、其成績也得到了學界同行的肯定。戴震稱他「好古洞其原」，認為他「論列古訓，先徵《爾雅》，乃後廣搜漢儒之說」的做法乃是古學的門徑。摯友錢大昕也給予肯定：

> 又與惠徵君松厓講經義，知訓詁必以漢儒為宗。……嘗言：「漢人說經，必守家法，亦云師法。自唐貞觀撰諸經義疏而家法亡，宋元豐以新經義取士而漢學殆絕。今好古之儒，皆知崇注疏矣，然注疏惟《詩》、《三禮》及《公羊傳》猶是漢人家法，它經注則出於魏晉人，未為醇備。」故所撰《尚書後案》，專宗鄭康成，鄭注亡逸者，採馬、王補之。《孔傳》雖偽，其訓詁猶有傳授，非盡鄉壁虛造，間亦取焉。經營二十餘年，自謂存古之功，與惠氏《周易述》相垺。〔註56〕

　　四、學風態度勤懇認真，重視實學，言必有據，但也驕傲自滿。王氏曾自述治學的勤勉與認真云：

> 二紀以來，恒獨處一室，覃思史事，既校始讀，亦隨讀隨校，購借善本，再三讎勘，又搜羅偏霸雜史、稗官野乘、山經地志、譜牒簿錄，以暨諸子百家、小說筆記、詩文別集、釋老異教，旁及於鍾鼎尊彝之款識、山林冢墓、祠廟伽藍碑碣斷闕之文，盡取以供佐證，參伍錯綜，比物連類，以互相檢照，所謂考其典制事蹟之實也。暗砌蛩吟，曉窗雞唱，細書飲格，夾註跳行，每當目輪火爆，肩山石壓，猶且吮殘墨而凝神，搦禿毫而忘倦。時復默坐而玩之，緩步而繹之，仰眠床上而尋其曲折，忽然有得，躍起書之，鳥入雲、魚縱淵，不足喻其疾也。顧視案上有藜羹一盃，糲飯一盂，於是乎引飯進羹，登春臺，饗太牢，不足喻其適也。〔註57〕

將他治學的艱苦情狀及有所得時的愉悅心情娓娓道來。正是在這種勤勉地廣搜博採下，王鳴盛的學問才可以成為實學，做到言而有據。其考訂文字、輯存

〔註55〕《潛研堂文集》卷三十五《答王西莊書》。
〔註56〕《潛研堂文集》卷四十八《西沚先生墓誌銘》。
〔註57〕《十七史商榷序》。

鄭注、辯證地理、明晰典制無不是為了究經史之實。王鳴盛也嘗教人治學須謙虛，「大凡人學問精實者必謙退，虛偽者必驕矜。」〔註58〕將自己的學問做得紮實的同時，王鳴盛也頗為自負以致驕傲自滿，這集中的表現在他好詆訶前哲上。前文所提他斥劉焯、劉炫為經學罪人，稱其學為俗學，說李延壽是史筆昏謬的妄人即是例證。

《十七史商榷》之序言一段，最可體現王氏兼治經史的種種相同相通之處：

> 大抵史家所記典制，有得有失，讀史者不必橫生意見，馳騁議論，以明法戒也。但當考其典制之實，俾數千百年建置沿革，瞭如指掌，而或宜法，或宜戒，待人之自擇焉可矣。其事蹟則有美有惡，讀史者亦不必強立文法，擅加與奪以為褒貶也。但當考其事蹟之實，俾年經事緯，部居州次，記載之異同，見聞之離合，一一條析無疑。而若者可褒，若者可貶，聽諸天下之公論焉可矣。書生胸臆，每患迁愚，即使考之已詳，而議論褒貶，猶恐未當，況其考之未確者哉！蓋學問之道，求於虛不如求於實，議論褒貶皆虛文耳。作史者之所記錄，讀史者之所考核，總期於能得其實焉而已矣，外此又何多求邪？予束髮好談史學，將壯輟史而治經，經既竣，乃重理史業。摩研排纘，二紀餘年，始悟讀史之法，與讀經小異而大同。何以言之？經以明道，而求道者不必空執義理以求之也，但當正文字，辨音讀，釋訓詁，通傳注，則義理自見，而道在其中矣。譬若人慾食甘，操錢入市，問物有名甘者乎，無有也，買飴食之，甘在焉。人欲食鹹，問物有名鹹者乎，無有也，買鹽食之，鹹在焉。讀史者不必以議論求法戒，而但當考其典制之實。不必以褒貶為與奪，而但當考其事蹟之實，亦猶是也，故曰同也。若夫異者則有矣，治經斷不敢駁經，而史則雖子長、孟堅，苟有所失，無妨箴而貶之，此其異也。抑治經豈特不敢駁經而已，經文艱奧難通，若於古傳注，憑己意擇取融貫，猶未免於僭越，但當墨守漢人家法，定從一師，而不敢它徙。至於史，則於正文有失，尚加箴砭，何論裴駰、顏師古一輩乎？其當擇善而從，無庸偏徇，固不待言矣，故曰異也。要之，二者雖有小異，而其總歸於務求切實之意則一也。予識暗才懦，一切行能，舉無克堪，惟讀書、校書頗自力。嘗謂好著書不如多讀書，欲讀書

〔註58〕《十七史商榷》卷一百《通鑑與十七史不可偏廢》。

必先精校書，校之未精而遽讀，恐讀亦多誤矣。讀之不勤而輕著，
恐著且多妄矣。〔註59〕

在這段話中，我們可見其治學求實求真的精神，如「但當考其事蹟之實……
聽諸天下之公論」等語。且這種精神貫穿經史，「二者雖有小異，而其總歸於
務求切實之意則一也」。又能見其治學門徑，他對「正文字，辨音讀，釋訓詁，
通傳注，則義理自見，而道在其中」的治學路數給予了生動形象的比喻。文
字、音讀、訓詁、傳注即飴即鹽，甘鹹即經中義理；在史學中，典章制度、地
理年代、氏族圖譜即飴即鹽，而甘鹹即史中法戒，史學精義之所在。如此看
來，治經與治史在方法與思維模式上大體相同。這也解釋了何以乾嘉治史重
典制、地理、年代與氏族。最後也談到讀書必先校書的勤勉態度，這也是務
實求真的保證。

　　同時，我們也能在上文的序言中看到王鳴盛治經與治史的不同。其治經
「墨守漢人家法，定從一師，而不敢它徙」，故而對於漢人經傳注疏，他從來
不敢駁經，只是盡力存其實，極少贊一詞，治史卻全然不須遵守家法，盡可表
現喜怒好惡。即他所謂「若夫異者則有矣，治經斷不敢駁經，而史則雖子長、
孟堅，苟有所失，無妨箴而貶之，此其異也。」這與「讀史者不必橫生意見，
馳騁議論……讀史者亦不必強立文法，擅加與奪以為褒貶」等語，以及他一貫
主張的「大抵作史者宜直敘其事，不必弄文法，寓予奪；讀史者宜詳考其實，
不必憑意見，發議論」〔註60〕自相矛盾。實際上他並未能將經學上但考其實不
予置評的做法沿用至史學。他在治史時時常闡述自己的觀點，可以說是有利也
有弊。益處是治史不必盲從古人，可以發揮自己的獨立見解，其議論中不乏一
些精當的見解能給讀者以深刻的啟發。對此他也有著深刻的領悟：「編年雖古
法，而古不可泥，宜以後出為定。即如《尚書‧牧誓》篇首突書『時甲子昧爽』，
《金縢》篇首突書『既克商二年』，《康誥》篇首突書『惟三月哉生魄』，此豈
後之史官所當取法乎？《春秋》或書爵，或不書爵，或降而稱人，或書名，或
書字，或有日，或無日，說者以為夫子意有予奪，此豈後人所可妄效乎？可見
作史不得擬經。」〔註61〕弊處是也常有史識固陋的缺點，誤導學子，可謂卓識
與愚見並存，須讀者自行斟酌。對於其史評的優點今人也多有論述，此處僅就

〔註59〕《十七史商榷序》。
〔註60〕《十七史商榷》卷九十二《唐史論斷》。
〔註61〕《十七史商榷》卷九十九《正史編年二體》。

其愚識試舉一例。《十七史商榷》卷四十八《武帝誤於楊後》云：

> 武帝後楊氏明知其子惠帝不可立，而力勸帝立之，又力勸帝為
> 其子納賈充女。此與隋文帝為獨孤后所誤，勸立煬帝正同。炎與堅
> 皆以用婦言敗，楊後又力勸納其叔父駿之女為後，既覆司馬，又傾
> 楊氏。

他將西晉覆亡的原因歸結於女禍，並舉出後世的例子加以類比。其實我們通
過《晉書》不難看出，晉武帝為其子惠帝納妃的背後交織著各種政治勢力的
較量，在楊后背後是賈充這一政治集團的力量在推動，楊后多少也是被這些
人所利用。之後賈后的坐大與專權是武帝未掌握好平衡，既誤於楊後，更誤
於賈氏一派，說起來實是自誤。除此之外也有著多種原因才會造成這樣的局
面，不可簡單而論。王氏如此簡單地就將王朝的興衰歸因於女禍，多少有些
狹隘與膚淺。

　　王鳴盛去世後，錢大昕做挽詩有「經傳馬鄭專門古，文溯歐曾客氣馴。勇
退較予先十載，立言垂世已千鈞。」「文社廉夫評甲乙，史編孫盛續《陽秋》」
〔註62〕等句，評價他「經明史通，詩癖文雄。一編才出，紙貴吳中。弇山元美，
畏壘熙甫，兼而有之，華實相輔。」〔註63〕王昶贊他「古文案定千秋業，雜著
編成百卷垂」〔註64〕。趙翼也贊其云：「束髮攻書到老翁，未曾一日輟研窮，
遍搜漢末遺文碎（公最精鄭學），不鬭虞初小說工。後輩豈知真學問，幾時再
有此淹通。存亡莫道無關係，直在蒼茫氣數中。」感慨「歲在龍蛇讖可驚，儒
林果失鄭康成。」〔註65〕凡此種種，皆可看做對王氏一生經史之學的肯定。當
然，還是王氏門人張濤對他的學術概括得最為妥帖至當：

> 蓋嘗上下二三千年，深思夫通經學古之所由，知義理必從考據
> 入，未有考據舛而可言義理者。聲音、文字、象數、名物，探頤鉤
> 深，久之得其竅綮，漢人之傳注，唐人之義疏，盡能通其旨要。……
> 先生之學邃於經，而平生精力尤在《尚書》。……夫文章必本於經術，
> 夫人而能言之。然文人治經，不過約其綱宗，撮其崖略，薰染其芳
> 臭氣澤而已。若章句、訓詁，固有所未暇及，而守訓詁家法者，又
> 往往膠葛重膇，無以自運，而不復措思於修辭。是以文人與經師常

〔註62〕　《潛研堂詩續集》卷八《西沚光祿挽詩》。
〔註63〕　《潛研堂文集》卷四十八《西沚先生墓誌銘》。
〔註64〕　《春融堂集》卷二十二《聞鳳喈訃》。
〔註65〕　趙翼《甌北集》卷三十九《王西莊光祿挽詩》。

　　　　不能兼也，先生獨能兼之。……以實學為文，合經與文而為一，先

　　　　生是也。〔註66〕

王氏的經史之學是為實學，故為世人所重，但百年之後卻又以考證精詳、言而
有據得以以史學成就傳之於後人，其好馳騁議論、詆訶前人的弊端也足為後世
學者戒。

〔註66〕《西莊始存稿》卷首王氏門人張濤所撰《序》。

第四章　趙翼的粗經精史

　　趙翼，字雲崧，又字耘松，號甌北，江蘇常州府陽湖縣人，生於雍正五年（1727年），卒於嘉慶十九年（1814年）。其經史著作有《陔餘叢考》四十三卷、《廿二史劄記》三十六卷、《皇朝武功紀盛》四卷，另有《甌北詩鈔》、《甌北詩話》等。趙翼自言「資性粗鈍，不能研究經學」，觀其一生，確實於經學所得未深，其粗經精史可謂乾嘉學人中的特例。然其學術傳承與交游顯示其也必有經學之功底。雖未嘗走由小學入經學的道路，亦可謂由經學入史學的特例。趙翼生前詩名極盛，以致掩蓋了他的史學研究，其史學成就直至近代以來才逐漸備受推崇。可謂以詩名當世，以史名後世。

一、經世的歷程與學術交往

　　趙翼出生在常州府陽湖縣一個比較貧寒的教書先生家庭，童年時生活環境的艱辛與困窘為他日後能關注下層民情、切實有所作為打下了伏筆。三歲的時候叔父開始教他識字，六歲開始隨父就塾。他的父親為他安排了讀書科舉、求取功名的道路，十二歲時即教授他八股文，此時他已才氣不凡，頗為能文。此時正值乾隆初年，清廷已然倡導應舉業之士子須讀經，印發經學教材給予府州縣學，逐步於科考加試經解（詳見第一章第三節）。統治者對於經學的提倡，必然導致教育向經學的轉向。所以，在趙翼八股文有所成之時，其父又教以經學：「他日不患不文，但諸經尚未全讀，宜以讀經為急。」〔註1〕可見趙翼也是自幼便接受經學的教育，有了經學的底子，在其後的科考中我們也能看到，他

〔註 1〕《甌北年譜》乾隆三年。

這經學的底子也是不薄的。在他十五歲時，父親突然病亡，家庭生活的壓力集於一身，使他不得不接過父親的講習，課徒為生，十九歲考中秀才後仍是如此。乾隆十四年（1749年），為求取功名，整裝入都。此時他寄人籬下，孤寂一人，有「長安索米悵何依，年少江南一布衣」〔註2〕之歎。幸而因與京中文士作詩應酬而詩名漸起，受刑部尚書劉統勳賞識得以入幕參纂《宮史》。於是趙翼得以有機會系統地瞭解清代的典章制度。

在乾隆十五年（1750年），他先後兩次冒籍應試，在第二次應順天鄉試時，「頭場四書文三篇，經文四篇，其兼試五經者，則經各四篇，合四書文共二十三篇」〔註3〕。按說考試量是相當大的，但他一日夜即已答就，不僅如此，同號舍的考生因病不能答完，他又能代其答完。於這件事我們即可看出，若不是對五經極為純熟，趙翼斷難做到如此。而且在這次考試他受到了主考汪由敦的賞識。

汪由敦可以說是趙翼的伯樂。在聘趙翼入家代筆札並兼教習的八九年，他給予了趙翼以極大的影響，這段時期成為趙翼今後人生發展的轉折。汪由敦學識淵博，曾參與過《明史》修撰，頗有史識，重視史書體例，強調秉筆直書。其「為人沈靜寡言笑，喜慍不少見於色，遇事有識，默定於中，不以議論捷給相尚」〔註4〕，熟悉文書錢糧、法律刑名，可以說是既會讀書做人，又會辦實事的幹才，素為乾隆帝所倚重。平定大小金川的軍事文書即由他代筆。汪宅藏書豐富，使趙翼眼界大開：「鄴架籤論萬，曹倉卷累千。靈函分宛委，寶笈聚嬋嬡。砥室挑燈坐，重簾下榻眠。一觚奇肯借，三篋秘寧鍵。貧眼驚羅貝，饑腸飫割鮮。聽遊煙海浩，更指軌塗平。」〔註5〕不僅如此，汪由敦更給趙翼以學術上的影響。汪氏風流儒雅、平易近人，在他的幫助下，趙翼得以改進自己的文風，去絕了那種年輕人為炫示才能而追求的浮華語句。趙翼在屢屢代汪氏擬寫文稿的寫作實際中接受鍛鍊，文筆漸趨老練，識見漸趨高遠，開始形成自己古典厚重的文風，為日後能創作出流暢求實的經史著作奠定了堅實的基礎。趙翼曾回憶起這段得益於汪公的經歷說：「余自乾隆十五年冬客公第，……詩文多餘屬草，每經公筆削，皆愜心饜理，不能更易一字，嘗一月中代作古文三

〔註2〕《甌北集》卷三八《七十自述》。
〔註3〕《甌北年譜》乾隆十五年。
〔註4〕《碑傳集》卷二十七錢維城《汪由敦傳》。
〔註5〕《甌北集》卷六《汪文端師殁已數月，每欲一述哀情，卒卒未暇也，報直樞曹，閑居無事，甫得和淚漬墨，以詩哭之，凡一千字》。

十篇，篇各仿一家，公輒為指其派系所自，無一二爽，此非遍歷諸家不能也。」〔註6〕汪由敦還將自己史學用以經世的思想傳予趙翼。在汪宅居住期間，趙翼還參與纂修《平定準噶爾方略》，入值軍機，草擬諭旨，得見大量第一手資料，即他日後所言「我皇上平準夷、回部時，臣正直軍機，繕寫諭旨，抄錄奏摺，一切皆得與知。」〔註7〕為以後修纂《皇朝武功紀盛》打下了基礎。這些都是與汪由敦的提攜分不開的。趙翼終生都對汪氏感激至深，當做恩師和學術知己一樣看待。汪氏死後，趙翼特為寫了千言懷念長詩，有云：「東京遊學愧何蕃，納履虛叨國士論。束髮早耽韓愈集，出身幸及醉翁門。鯨鏗莛發華鐘響，駕譜針留繡線痕。那得對公無感激，津梁親為指遙源。」〔註8〕在編輯汪氏文集時還說：「公死而天下無真知古學之人，天下無真知古學之人，而翼遂無復知己之望，由今思之，安得不潸焉出涕也。」〔註9〕

乾隆十九年（1754年）趙翼報考內閣中書，以第九名錄取，乾隆二十年任內閣中書，開始了他的仕宦生涯。乾隆二十一年，又被選為軍機處行走，做文案工作。在軍機處供職期間，他不僅僅得到了撰寫諭旨公文的鍛鍊，更對國家大事有了清楚的瞭解，甚至產生了一種皇權社會讀書士子的忠君報國思想。他曾寫道：「清切方知聖主勞，手批軍報夜濡毫。錦囊有策兵機密，金匱無書廟算高。樂府佇聽朱鷺鼓，尚方早賜紫貂袍。書生眊筆慚何補，不抵沙場斫賊刀。」〔註10〕乾隆二十六年（1761年）恩科殿試，趙翼以一甲第三名探花及第，授翰林院編修，得入方略館，參與纂修《平定準噶爾方略》。乾隆三十一年（1766年），趙翼被任命為廣西鎮安府知府。四年後調任廣州知府，又過一年又升任貴州分巡貴西兵備道。歷任外官期間，他訪察風俗、關注民生、改革弊政、穩定邊境，以為官清廉、興利除弊而深得民心。這不僅僅鍛鍊了他的才幹，更使得他有機會將自己的經世之學得以施展，成為一個既倡導實學，又兼做實事的文人。

乾隆三十八年（1773年），趙翼辭官返回故里，自此以後的餘生裏再未出仕坐官，一直從事詩文著述。歸家之後，他便開始了《陔餘叢考》等書的撰述。此書有關經史的部分乃一至四卷論經義，五至十五卷論史學。此時趙翼尚治經

〔註6〕《簷曝雜記》卷二《汪文端公》。
〔註7〕《皇朝武功紀盛》卷首《自序》。
〔註8〕《甌北集》卷二《座主休寧汪公枉招下榻敬呈》。
〔註9〕《簷曝雜記》卷二《汪文端公》。
〔註10〕《甌北集》卷五《軍機夜直》。

學，但此後確如他所言「資性粗鈍，不能研究經學，惟歷代史書，事顯而義淺，便於瀏覽，爰取為日課」〔註11〕。在常州鄉居期間，趙翼也與江南的學人保持著頻繁的交往，像袁枚、王昶、畢沅、洪亮吉、孫星衍、趙懷玉等均是他的好友。而常州恰是清代今文經學的發源地，今文經學常州學派經莊存與首創而興起，莊氏發揮《公羊傳》，宣揚《春秋》中的微言大義，其學術關心國計民生，注重經世致用，推崇真知灼見。洪亮吉、趙懷玉即明顯受今文經學影響，趙翼也與莊氏族人相交往，其經世致用的理念也很可能受常州學派的影響。艾爾曼即指出：「史學家趙翼是第二個從莊氏族學受益的常州籍學人。」〔註12〕乾隆四十九年（1784年）和五十三年（1788年），又兩次掌教揚州安定書院，得與揚州學人往還相處。

趙翼與王鳴盛、錢大昕百里相望，也一直保持著密切的學術交往。他們共同切磋學問、激勵互勉，探求修身治學之道，趙翼能在史學上取得巨大成就，也是與他們二人分不開的。趙翼與王鳴盛結識於乾隆二十五年（1760年）的木蘭圍場。趙翼詩中記述兩人談論古學之情狀云：「霜天藉草共論文，閑對荒原萬馬羣。如此雅懷良可笑，自慚少作久應焚」，「戎帳一樽談古學，兩癡不覺到顏酡。」〔註13〕他與錢大昕大約相識於乾隆三十一年（1766年），二人同在京師為官。此後他們各自為前程生計奔波，京外宦遊時期趙翼與二人無緣得見，但仍傳遞書信，乾隆五十年（1785年）王鳴盛就曾為《甌北集》作序。直至乾隆五十三年（1788年），趙翼才有機會專門去蘇州拜訪王鳴盛，有詩云「握手論交紫塞塵，春明一出見無因。……讀史共推糾謬細，著書爭祕《論衡》新」，「愧我沉宴空廿載，如公著述已千秋。」〔註14〕乾隆五十五年（1790年）又得以與錢大昕重新聚首，詩云「握別京華廿五春，相逢彌覺白頭新。手成百卷專門學，身是千秋列傳人。海外購書來賈舶，門前著錄遍儒紳。故交也得餘光乞，一序《三都》價便珍。」〔註15〕稱讚王、錢二人已著述有成。自此，三大考史家的晚年便常在蘇常一帶交往。乾隆五十六年（1791年）趙翼再往蘇州會晤二人，感歎「握手相看鬢各皤，那禁老子此婆娑。後來良晤知猶幾，海內

〔註11〕 《廿二史箚記小引》。
〔註12〕 （美）艾爾曼《經學、政治和宗族——中華帝國晚期常州今文學派研究》，江蘇人民出版社，1998年，第41頁。
〔註13〕 《甌北集》卷八《次韻王禮堂光祿木蘭枉贈之作》。
〔註14〕 《甌北集》卷三十二《閶門晤王西莊話舊》。
〔註15〕 《甌北集》卷三十三《晤錢竹汀宮詹話舊》。

名流漸不多。」〔註16〕大有年老之時的惺惺相惜之感。嘉慶二年（1787 年）王鳴盛病逝後，趙翼為做挽詩，痛悼「儒林果失鄭康成」。嘉慶三年又曾與錢大昕、王昶聚飲於虎丘之懷杜閣。嘉慶九年（1804 年）錢大昕卒後，趙翼再做挽詩表達又喪一摯友的悲切之情，云「生死不離文字裏，聲名早在斗山間」，「歷朝記載萬牛毛，同異紛如費剔搔。十七史從何處說，一家言已等身高。（君著《廿二史考異》最精核）有疑好就靈犀照，不朽何須汗馬勞。直自深寧王叟後，又添《困學》析秋毫。」〔註17〕可見他十分推重王、錢二人的學術。《十七史商榷》和《廿二史考異》也是他長置案頭、經常研讀的著作之一，他也受王、錢二人影響頗多。

二、粗經精史中的相通因素

趙翼一生的學術，史學上有《陔餘叢考》和《廿二史劄記》，經學上僅《陔餘叢考》前四卷，可謂粗經精史。他雖然並不長於經學研究，且有意地忽略經學的研治而專攻史學，但通過其一生的學術歷程與交遊，我們不能不說他也同樣具備乾嘉時期讀書士子普遍具備的經學功底。他的首部著作《陔餘叢考》也是首先論經，將經學置於最前，而其中更有博通意識、經世宗旨、求真精神、考證方法、思維模式等諸多因素傳於史學。這些不論是出自趙翼有心還是無意，均可以說明經學功底在對他的史學研究起著一定的作用。

首先，趙翼也像王鳴盛、錢大昕一樣具有學術上的宏闊視野和博通意識。《陔餘叢考》雖僅有四卷論經，但並不只論一經。卷一論《易》、《尚書》，卷二論《詩》、《春秋》、《左傳》，卷三論《三禮》，卷四論《四書》，可以說是涉獵九經。此書也是包羅萬象、內容豐贍，頗能綜貫異說，明辨源流。趙翼的考證並不像王鳴盛、錢大昕那樣集中於一些細小問題，而是能在考察事物來龍去脈的基礎上，拉大視野，對考證對象做整體的文化關照，探索事物背後的時事變遷、審美差異和文化內涵。「他在排比史料之後提煉出的結論，已具較普遍的意義，可以幫助讀者認識某一歷史事實的真相，瞭解某一類的社會現象的廣泛內容。」〔註18〕例如，他在考察《春秋》的書名時指出：「《春秋》，魯史記名。韓宣子聘魯，見《易象》與《魯春秋》，此孔子未修以前《春秋》也。然

〔註16〕　《甌北集》卷三十四《吳門晤西莊竹汀》。
〔註17〕　《甌北集》卷四十六《錢竹汀宮詹挽詩》。
〔註18〕　《當代治學方法的進步》，見周勳初《當代學術研究思辨》，南京大學出版社，1993 年，第 122 頁。

不獨魯史以此為名也。《國語》楚莊王問教太子之法於申叔時，對曰：『教之以《春秋》，而為之聳善抑惡焉。』晉羊舌肸習《春秋》，悼公使之教太子。又《管子·法法篇》曰：春秋之記，有弒君弒父者。《權數篇》曰：《詩》者所以記物也，《春秋》所以記成敗也。莊王、管子、羊舌肸皆在孔子前，則所謂《春秋》必非孔子所修魯史可知，是齊、晉、楚皆有《春秋》也。《墨子》曰：吾見百國《春秋》，《韓非子·備內篇》有《桃左春秋》，雖不知何國書，要亦一《春秋》也。韋昭注《國語》，謂以天時紀人事，故曰《春秋》。房玄齡注《管子》，謂《春秋》周公之凡例，而諸侯之國史也。則周時列國之史皆名『春秋』也。……自後虞卿有《春秋》，呂不韋有《呂氏春秋》，陸賈有《楚漢春秋》，趙長君有《吳越春秋》，袁暐有《獻帝春秋》，司馬彪有《九州春秋》，習鑿齒有《漢晉春秋》，王範有《交廣春秋》，杜崧有《任子春秋》，孫盛有《魏氏春秋》、《晉陽秋》，臧嚴有《棲鳳春秋》，李公緒有《戰國春秋》，王韶之有《晉安帝春秋》，劉允濟采魯哀公後十二世接戰國，為《魯後春秋》，崔鴻有《十六國春秋》，蕭方等有《三十國春秋》，韋述撰《唐春秋》，梁固、胡旦皆有《漢春秋》，尹洙有《五代春秋》，吳任臣有《十國春秋》，則又皆彷《春秋》之名而為之者也。」〔註19〕得出「春秋」一詞不僅僅是指孔子刪定的《春秋》，而是戰國時期及後世史書的普遍稱謂的認識。史學研究中，趙翼也多能綜貫排比，例如他在研治紛亂複雜的兩晉南北朝史事時，還能特意指出「東晉多幼主」、「晉帝多兄終弟及」、「僭偽諸君有文學」、「齊梁之君多才學」、「魏多家庭之變」、「魏齊諸帝皆早生子」、「魏諸帝多幼年即位」等等規律性現象。同時，趙翼的治史也是做的通史考察，對於同一類現象並不僅僅專注於一朝一代，而是求其會通。像「東晉多幼主」、「魏諸帝多幼年即位」與之前的「東漢諸帝多不永年」、「東漢多母后臨朝外藩入繼」等現象乃是一脈相承。趙翼在解釋東漢這一現象時說：「人主既不永年，則繼體者必幼主，幼主無子，而母后臨朝，自必援立孩稚，以久其權。……蓋漢之盛在西京，至元、成之間氣運已漸衰。……光武乃長沙定王發之後，本屬旁支，譬如數百年老幹之上特發一枝，雖極暢茂，而生氣已薄，迨枝上生枝，則枝益小而力益弱，更易摧折矣。晉南渡後多幼主嗣位，（見《東晉多幼主》條內。）宋南渡後亦多外藩入繼，皆氣運使然，非人力所能為也。」〔註20〕在解釋東晉時說：「蓋運會方隆，則享國久長，生子亦早，故繼體多壯

〔註19〕 《陔餘叢考》卷二《春秋》。
〔註20〕 《廿二史箚記》卷四《東漢諸帝多不永年》。

年，所謂國有長君，社稷之福也。及其衰也，人主既短祚，嗣子自多幼沖，固非人力所能為矣。」〔註21〕兩相對比，何其類似。又如趙翼考察宦官專權的歷史，也能貫穿漢、唐、明三朝。漢朝有「東漢宦官」、「宦官之害民」、「漢末諸臣劾治宦官」、「宦官亦有賢者」諸條，唐代有「唐代宦官之禍」，明代有「明代宦官」、「魏閹生祠」、「閹黨」等。在求其會通、宏觀認識的基礎上，也能辨其異同，指出各自特點：「唐、明閹寺，先害國而及於民，東漢則先害民而及於國。」〔註22〕「東漢及前明，宦官之禍烈矣，然猶竊主權以肆虐天下，至唐則宦官之權反在人主之上，立君、弒君、廢君有同兒戲，實古來未有之變也。」〔註23〕「東漢士大夫以氣節相尚，故各奮死與之撎拄，雖湛宗滅族，有不顧焉。至唐則僅有一劉蕡，對策懇切言之。明則劉瑾時僅有韓文、蔣欽等數人，魏忠賢時僅有楊漣、左光斗、魏大中、繆昌期、李應升、周順昌等數人，其餘乾兒義子建生祠頌九千歲者，且遍於搢紳。此亦可以觀世變也。」〔註24〕這些都是能夠反映出事物發展變化規律的認識。

第二，趙翼一生的立言立行皆體現著經世致用的宗旨。經世致用，乃是乾嘉時期讀書士子從經書中所求得的經義，是實現正心、誠意、修身、齊家、治國、平天下的宗旨所在。乾隆認為「五經乃政教之原」〔註25〕，所以敦促士子「究心經學，以為明道經世之本。」〔註26〕在統治者看來，通經即是為了致用，提倡並以制度的形式保障士子們讀經，乃是為了讓他們從經義中求得立身為政的道理，如此才能幫助統治者治理國家、鞏固統治。即「將欲為良臣，舍窮經無他術」〔註27〕。趙翼幼年即修習八股、經學，為應科舉做準備，喪父後獨自坐館授人以經學，為求取功名又連續參加科舉應試十餘年。對於這項經學宗旨，趙翼不可謂不了然於心。從他以後放任京外地方官的宦遊經歷來看，從他為官一任、造福一方的作為來看，他的立言立行確實在實踐著經世致用的宗旨。出鎮廣西鎮安府時改革社倉盤剝百姓的弊政，任廣州知府寬以斷獄、關注農耕，任貴西兵備道整頓鉛廠，趙翼可以說是一個政績優良的官吏。這種經世

〔註21〕《廿二史箚記》卷八《東晉多幼主》。
〔註22〕《廿二史箚記》卷五《宦官之害民》。
〔註23〕《廿二史箚記》卷二十《唐代宦官之禍》。
〔註24〕《廿二史箚記》卷五《漢末諸臣劾治宦官》。
〔註25〕《高宗實錄》卷二一乾隆元年六月己卯條。
〔註26〕《高宗實錄》卷七九乾隆三年十月辛丑條。
〔註27〕《高宗實錄》卷二三九乾隆十年四月戊辰條。

宗旨也貫穿於他的史學著作。他撰《皇朝武功紀盛》，便是為了表彰乾隆帝文治武功中的後者：

> 欽惟我國家武功之盛，度越千古，然勒勳紀績，藏在冊府，天下無由盡知。……幸皇上頒發《四庫全書》於江浙之文匯、文宗、文瀾三閣，內有前數件《方略》，共四百六十四卷，備載用兵始末，俾留心掌故之士，皆得叩閣而伏讀之。仰見聖主表揚先烈，訓勵詰戎，垂示無極至意。第卷帙繁多，詣閣來者一時難於遍閱，臣幸與文匯裝訂之役，敬謹尋繹於聖祖之平三逆、平朔漠，既得推究原委。而我皇上平準夷、回部時，臣正直軍機，繕寫諭旨，抄錄奏摺，一切皆得與知。其後從征緬甸，又身在行間，已而將軍臣溫福、阿桂自滇赴蜀，討兩金川，道經臣貴西官舍論兵事，夜分乃別。黔蜀接壤，軍中聲息旦夕得聞。臺灣之役，臣又為督臣李侍堯延入幕府，首尾一年餘，始終其事，故於此數次用兵見聞較切。征緬時，曾即軍中粗有記述，餘未及隨時載筆也。歸田後，擬一一追敘，而閱時已久，年月件繫，記憶不無稍訛。今得《方略》以證前事，益覺歷歷如繪。用不揣冒昧，節繁撮要，各為《述略》一篇，總名曰《皇朝武功紀盛》，使觀者易於披覽，即不能詣閣讀四庫書者，亦皆曉然於我朝功烈之隆焉。夫鋪張鴻庥，揚屬偉績，臣子職也。〔註28〕

乾隆朝的很多武功，趙翼都能有幸親與其中，著此書以記載其事蹟經過，表面上看雖是為統治者歌功頌德，但更重要的是有著警醒統治階級，緩和階級矛盾以消弭人民起義的用意，且對於藏於秘府的官方資料的運用還能讓大多數人見到這些當代歷史、使之不致湮滅。而李保泰為趙翼《廿二史劄記》撰序，更是表達了治史以經世的宗旨：

> 經者治之理，史者治之跡。三代以上，明於理而經立；三代以下，詳於跡而史興。世愈積，事愈多，其於天下之情變，古今之得失，蓋有不可枚舉者矣。……昔三代忠質、文之運，遞相救也，亦遞相因。往往有此一代之所趨，而前代已啟其端；有彼一代之所開，而後代遂衍其緒。世第紛然，交眩於成敗廢興之跡，回惶變易，則卒不得其所以致之者。後之讀史者，排比事類，商榷倫物，不過取一人一事而予奪之，毀譽之，蓋皆未離乎經生之見也。……嗟夫！

〔註28〕《皇朝武功紀盛》卷首《自序》。

自士大夫沉涵於舉業，局促於簿書，依違於格令，遇國家有大措置，
民生有大興建，茫然不識其沿革之由，利病之故，與夫維持補救之
方。雖使能辨黃初之偽年，收蘭臺之墜簡，於以稱博雅，備故實足
矣，烏足以當經世之大業哉？然則使先生翱翔木天，徑篷青雲，以
備經筵之啟沃，必能援古證今，指陳貫串。否則敭歷外臺，建牙仗
節，斟酌時宜，折衷往昔，其所裨於斯世者不少，而惜乎其僅記之
此書以傳也。昔趙中令自謂以《論語》一部理天下，夫中令則何能，
然讀是書而有會焉。洵乎其得史學之大且重者，舉而措之，天下無
難也。〔註29〕

在李保泰看來，經乃是治國安邦、經世致用的道理，史乃是經世致用的事蹟表
象，經史乃是表裏相輔於經世這一宗旨的。若要體現天下情變的經世之跡，治
史須有變易的觀念。正因為要經世，才需不斷變易，也正因為能變易，才可以
談經世，否則即是經生之見。趙翼的《廿二史劄記》恰是具備著經世思想，能
夠做到「古今風會之遞變，政事之屢更，有關於治亂興衰之故者，亦隨所見附
著」〔註30〕。他謙語曰：「或以比顧亭林《日知錄》，謂身雖不仕，而其言有可
用者，則吾豈敢。」〔註31〕大有將胸中經世之抱負寓於此書之意。而晚年的一
首詩恰是道出了他的治史目的：「一事無成兩鬢霜，聊憑閱史遣年光。敢從棋
譜論新局，略仿醫經載古方，千載文章寧汝數，十年辛苦為誰忙。祇應紙上空
談在，留享他時醬瓿香。」〔註32〕顯然是要借鑑歷史，以古代的醫方來治療當
今的弊病。

第三，趙翼的經史考證，含有一種求真精神在內，集中地表現在敢於大膽
疑經和評判正史筆法。趙翼雖自幼接受經學教育，參加科舉考試，但在考經時
仍能獨立思考，從不拾人牙慧。對於學界前輩閻若璩、惠棟等人考訂《古文尚
書》為偽書之事，趙翼指出：「《古文尚書》，自宋以來，諸儒多疑其偽，吳才
老曰：古文皆文從字順，非若伏生書之詰曲聱牙。夫四代之書，作者不一，乃
至一人之手而定為二體，其亦難言矣。朱子曰：凡書易讀者皆古文，豈有數百
年壁中之物不訛損一字者？伏生所傳皆難讀，如何伏生偏記其所難，而易者全
不能記？又孔安國《書傳》是魏晉間人作，託安國為名耳。又曰：孔傳並序皆

〔註29〕 《廿二史劄記》卷首李保泰《序》。
〔註30〕 《廿二史劄記小引》。
〔註31〕 《廿二史劄記小引》。
〔註32〕 《甌北集》卷四十一《再題廿二史劄記》。

不類西京文字，似與《孔叢子》同出一手。吳草廬曰：伏生書雖難盡通，然詞義古奧，其為上古之書無疑。梅賾所增二十五篇，體制如出一手，采輯補綴，雖無一字無所本，而平緩卑弱，殊不類先漢以前之文。此皆疑古文為偽者。自此三說行，而後人附和紛紛，大概不越乎『古文何以皆易讀，今文何以皆難讀』二語。……《今文尚書》世以其出於伏生口授，罕有疑之者。抑思《盤庚》等篇所以告諭愚民，使之家喻戶曉，豈轉作此艱澀不可解之語？若謂當時語言本是如此，則《左傳》、《國語》所引《夏書》、《商書》何以又多文從字順，絕不如此？今因其艱澀不可解，遂謂之古奧而深信之，此更非通論矣。以九十餘歲之人，追憶少時所習記誦，豈無遺忘？一也。以齒豁口呿之年，語音豈無淆混？二也。以土音授異鄉之人，兼令侍婢傳述字句，豈無訛謬？三也。然則《今文尚書》亦未必字字皆孔門原本，與《古文尚書》正同，未可以易讀而致疑、難讀而深信也。」〔註33〕他歷數宋儒對《古文尚書》的懷疑說法，指出這些說法雖然有理，卻給人造成了思維定式。《今文尚書》雖然已被證明是真的，且已被學界廣泛接受，但後人習慣沿著這個思維定式去思考，而不敢突破這個定式去懷疑《今文尚書》是不對的。他啟發學人也要像懷疑《古文尚書》那樣對《今文尚書》抱有懷疑的態度。對於《左傳》敘事錯雜的疏漏，他指出：「《左傳》敘事，每一篇中，或用名，或用字，或用諡號，蓋當時文法如此。然錯見疊出，幾使人茫然不能識別。……此究是古人拙處，史遷以後則無此矣。劉勰亦謂左氏綴事，氏族難明，及史遷各傳，人始區詳而易覽也。而黃常明謂：《左傳》敘事有一人而稱目至數次異者，族氏、名字、爵邑、號諡皆密布其中，以寓褒貶，則又深求之而轉非古人意矣。氏、名、號、諡錯見，自是另一種文法，有何褒貶？即如泌之戰，晉諸大夫忽名忽諡號，一日之間褒貶頓異，有是理耶？」〔註34〕毫不客氣地針砭那些盲目信古、牽強附會的說法。面對學界「家家許、鄭，人人賈、馬」的局面，趙翼卻敢於一再糾正鄭康成的注經之誤，撰寫了《鄭康成注禘祭之誤》、《三年喪，王、鄭二說不同》、《鄭康成注慈母之誤》等多條考證。對於好友王鳴盛篤信漢儒舊說而對漢以後歷代經注一概否定的做法，他卻能肯定「杜預註《左傳》，蓋合眾家之長，不特地名、人名考據精核，書法、譜系援引確切，即如時日之細，亦以長歷追算不遺。」〔註35〕這些無不體現了

〔註33〕《陔餘叢考》卷一《宋儒疑古文尚書》。
〔註34〕《陔餘叢考》卷二《左傳敘事氏名錯雜》。
〔註35〕《陔餘叢考》卷二《杜預注左傳》。

趙翼學術上寶貴的獨立品格。在以後的治史歲月中，他的這些寶貴品格又得以更廣泛的發揮。《廿二史劄記》中，趙翼對正史書法進行了明確的評判，揭示了正是曲筆迴護的做法造成了歷史真相被掩蓋歪曲。他撰寫了《三國志多迴護》、《宋書書晉宋革易之際》、《宋書書宋齊革易之際》、《陳書多避諱》、《魏書多曲筆》、《新唐書本紀書法》、《薛史書法迴護處》、《宋史各傳迴護處》、《元史迴護處》等多條劄記，系統討論歷代正史的曲筆迴護問題。尤其是對於重視綱常名教、君臣名分、夷夏大防的兩宋時期，趙翼即指出：「新唐書書法多可議者。……歐公本紀則不免草率從事，不能為之諱也。當日進呈時，宋仁宗即有旨，《舊唐書》不可廢，其早有所見歟？」〔註36〕對歐陽修一味追求書法而造成的史實不清有著客觀公正的認識。

第四，趙翼在經史考證上皆能運用歸納、推理等方法。趙翼的考證，在將材料排比歸納的基礎之上，也能做出進一步的推理，敏銳地發現事物之間的聯繫，得出更深刻的認識。梁啟超所謂「錢、王皆為狹義的考證，趙則教吾儕以搜求抽象的史料之法」〔註37〕，「惟趙書於每代之後，常有多條臚列史中故實，再歸納法比較研究，以觀盛衰治亂之原，此其特長也。」〔註38〕杜維運所講：「趙氏治史，深得《春秋》屬詞比事之旨，不執單詞孤事以論史，每每臚列諸多相類之史實，比而論之，以得一代之特徵。」〔註39〕說的都是這個意思。例如他在考察《左傳》流傳時，提出「秦火之後，漢初惟《左氏傳》最先出，然亦惟《左氏》始終不得立學官，而其傳世也，乃愈抑而愈彰。」總結歸納了兩漢歷代欲立《左傳》而終未立學官的故事，又羅列東漢以來至唐攻《左傳》者，最後得出認識：「蓋匪特敘事之書易傳，而其文之工實自有千古也。又漢時《古文尚書》及《毛詩》亦皆不立學官，乃二書與《左傳》反盛傳至今，而當時所立學官者今皆不傳，豈顯晦有時，而晚出者傳愈久耶！」〔註40〕論證了他「愈抑而愈彰」的論點。這也不失為對《左傳》一書流傳的規律性認識。又如他在治《漢書》時，多有《漢初布衣將相之局》、《漢初諸侯王自置官屬》、《漢儒言災異》、《漢時以經義斷事》、《賢良方正茂材直言多舉現任官》、《上書無忌諱》、《漢武用將》、《漢使立功絕域》、《漢諸王荒亂》、《漢外戚輔政》、《兩漢外戚之

〔註36〕《廿二史劄記》卷十六《新唐書本紀書法》。
〔註37〕梁啟超《中國歷史研究法》。
〔註38〕梁啟超《清代學術概論》。
〔註39〕杜維運《清代史學與史家》十二《趙翼之史學》，第372頁。
〔註40〕《陔餘叢考》卷二《左氏傳原委》。

禍》等條目提挈一代大事。所論問題莫不是條貫類比、總結歸納，以得出深刻的認識。像《漢初布衣將相之局》歷數戰國至漢初將相出身，對漢初將相多起自布衣的局面，認為是「秦、漢間為天地一大變局」〔註41〕。往後治歷代史也均是如此，如《光武所免奴婢》、《六朝清談之習》、《南朝多以寒人掌機要》、《唐節度使之禍》、《五代樞密使之權最重》、《宋制祿之厚》、《猛安謀克散處中原》、《元制百官皆蒙古人為之長》、《明內閣首輔之權最重》等等。

第五，思維模式上的以經證經到以史證史，重視經書的編撰問題，也重視史書的編撰。趙翼在考證經學時，大多是採用以經證經的模式，因為經的地位比較崇高，只有用經書中的材料當做論據，才更顯得有說服力。如《易不言五行》採用的是《尚書》的材料，《尚書名起於伏生》採用的是《禮記》、《左傳》的材料，考證鄭康成注的錯誤用的是《尚書》、《禮記》、《詩》、《春秋》、《左傳》、《公羊傳》等書。這種以經證經的思維模式也沿用到了史學，演化成為以史證史。考察正史問題，趙翼也特別注意從正史本身的材料中尋求論據，即便本部中難得，也會向其他部正史尋求。如《三國志誤處》、《宋書紀魏事多誤》、《南史誤處》、《梁南二史歧互處》、《南史與陳書歧互處》、《魏書紀傳互異處》、《北史與魏齊周隋書互異處》、《北史紀傳互異處》等均是正史之間相互比附參照，不一而足。又如《南北史子孫附傳之例》指出：「傳一人而其子孫皆附傳內，此《史記》世家例也。」〔註42〕並相繼採擇《漢書》、《後漢書》、《三國志》、《宋書》、《魏書》、《南史》、《北史》各正史的相關例證匯為一編，顯示出這是歷代正史遞相沿用的撰寫體例。此外，趙翼還重視經史編撰問題。對於《春秋》的書法即有《春秋書法可疑》《春不書王》《春王不書正月》《春秋紀年》等多條考證。而對於史書的書法、體例、得失更是多有評述，對新舊唐書、新舊五代史之間互異、增刪、優劣的比較也多有論列。

經過以上的分析，我們可以看出，趙翼的粗經精史，並非是指他認為經粗史精，而是指他治經較粗疏大略，治史較為專精。其《陔餘叢考》於考經考史皆顯得比較稚嫩和拙樸，但《陔餘叢考》恰是為《廿二史劄記》奠定了基礎，前者的論史諸卷成為了後者的雛形，而《陔餘叢考》中所具備的諸多經史相通因素也毫無疑問地轉移到了《廿二史劄記》之中。

〔註41〕《廿二史劄記》卷二《漢初布衣將相之局》。
〔註42〕《廿二史劄記》卷十《南北史子孫附傳之例》。

第五章　其他乾嘉學者的經史之學

　　三大考據家之外，乾嘉時期的其他史家也大多兼涉經史之學，他們的經史之學側重不一、各有特色。像全祖望兼治經史不失為博學通儒，盧文弨校勘經史主張擇善而從，畢沅對經史諸學全面倡導，章學誠將經學納入史學範疇提出「六經皆史」，阮元兼容今古文經學而遺澤後學，這些均可見證乾嘉一代經史之學的風貌。

一、全祖望的兼治經史

　　全祖望（1705～1755），字紹衣，號謝山，浙江鄞縣人，學術上上承黃宗羲、萬斯同、萬斯大，下啟邵晉涵、章學誠，是浙東學術中繼往開來的人物。

　　全祖望八歲時，父親全書既為他啟蒙，講授諸經及《通鑒》、《通考》等書，又得到萬斯大之子萬經指導治學門徑。他曾從萬經處借抄萬斯大《春秋輯傳》、《禮記輯注》，言：「吾鄉萬先生充宗湛於經學，《六經》自箋疏而下，皆有排纂，《三禮》為最富。」〔註1〕在入京之前，全祖望既已奠定紮實的經史功底。

　　在學術傳承上，全祖望繼承的是黃宗羲、萬氏兄弟的經史之學。其最顯著的特徵乃是博學無涯、經史兼治。他私淑黃宗羲，特為黃氏做神道碑文云：「公謂明人講學，襲語錄之糟粕，不以《六經》為根柢，束書而從事於遊談，故受業者必先窮經。經術所以經世，方不為迂儒之學，故兼令讀史。又謂讀書不多，無以證斯理之變化，多而不求於心，則為俗學。故凡受公之教者，不墮講學之流弊」〔註2〕在這裡，黃宗羲即是主張只有多讀書、增廣見識，才能

〔註1〕《鮚埼亭集外編》卷二十三《禮記輯注序》。
〔註2〕《鮚埼亭集》卷十一《梨洲先生神道碑文》。

把握事理的變化，才能避免王學末流的空談性命。在讀書上，黃氏提倡要讀經史之書。萬斯大「為梨洲黃公入室弟子，故其學皆務實踐，覃研經典，務去勦說雷同、傅會穿鑿之病。其立說以為，非通諸經則不能通一經，非悟傳注之失則不能通經，非以經釋經則亦無由悟傳注之失。因是由博致精，而深求乎造化之微妙，凡所解駁，悉發前人所未發，出馬、鄭後千餘年，數百家辯論之外。」〔註3〕其不能通經則不能把握傳注之失的主張與黃宗羲如出一轍。可見，博通乃是浙東學術的一個特點，相傳不變。陳其泰先生也指出，「貫通經史，博綜文獻」，是黃宗羲到全祖望的共同學術旨趣，全祖望「治學的許多方面又是有意發揚黃宗羲的風格，他學識也很淵博，對經、史、諸子，無所不窺，對於文獻、掌故，廣搜博採。」〔註4〕故而全祖望一生經史兼治，碩果累累。所著有《鮚埼亭集》三十八卷、《鮚埼亭集外編》五十卷、《詩集》十卷、七校《水經注》四十卷、《續宋元學案》百卷、《續甬上耆舊詩》百餘卷、三箋《困學紀聞》、《公車徵士小錄》及《詞科摭言》三卷、《經史問答》十卷、《漢書地理志稽疑》六卷、《勾餘土音》三卷、《讀易別傳》三卷、《孔子弟子姓名表》、《甬上族望表》等。而其未成或已佚者如《讀史通表》、《歷朝人物世表》及《歷朝人物親表》等更可見其會通旨趣。全祖望將自己的這些著述分為五個部分：

> 少嘗聞之先君，舉葉水心、黃東發之緒言，以弗為無益之文。
>
> 今予之文，其說經者十之二；說史者十之二；其碑板之作，表章吾鄉前代忠義，不無補於史事者又十之二；搜葺吾鄉掌故，足為志乘之助者又十之二；其為同時師友而作者又十之二；應酬言語不與焉。
>
> 雖曰不工，或可以備考索，抑亦不忍沒先君之教也。〔註5〕

經學、史學各占五分之一，可見其經史並重。最能體現全祖望經史功力的當屬乾隆七年所作的《困學紀聞三箋》，他在閻若璩、何焯兩家箋注的基礎上，「冗者刪簡，而未盡者則申其說，其未及考索者補之，而駁正其紕繆者，又得三百餘條。江西萬丈孺盧見之，歎賞以為在二家之上。」〔註6〕阮元評價他「經學、

〔註3〕萬斯大《經學五書》卷首盧見曾《重刻萬充宗先生經學五書序》。

〔註4〕陳其泰《全祖望與清代學術》，《中國社會科學院研究生院學報》，1992年第2期。

〔註5〕全祖望《集外文自敘》，朱鑄禹彙校集注《全祖望集彙校集注》附錄，上海古籍出版社，2002年，第2677頁。

〔註6〕《鮚埼亭集外編》卷二十五《困學紀聞三箋序》。

史才、詞科三者得一足以傳，而鄞縣全謝山先生兼之。……予視學至鄞，求二萬氏、全氏遺書，及其後人慈谿鄭生勳奉先生《經史問答》來，往返尋繹，實足以繼古賢、啟後學，與顧亭林《日知錄》相埒。吾觀象山慈湖諸說，以空論敵朱子，如海上神山，雖極高妙，頃刻可見，而卒不可踐。萬全之學出於梨洲而變之，則如百尺樓臺，實從地起，其功非積年工力不成。」〔註7〕對他的經史之學給予很高的推崇。

全祖望會通朱、陸「正學」思想，承襲的是傳統的儒家觀念，他對黃宗羲「說經則宗漢儒，立身則宗宋學」〔註8〕的主張心領神會，又同意顧炎武「經學即理學」的名言。在表彰顧炎武的生平學行時說：「晚益篤志《六經》，謂古今安得別有所謂理學者，經學即理學也。自有舍經學以言理學者，而邪說以起，不知舍經學則其所謂理學者，禪學也。……然其謂經學即理學，則名言也。而《日知錄》三十卷，尤為先生終身精詣之書，凡經史之粹言具在焉。」〔註9〕認為理學的思想正是須從經學中求得而來。同樣，理學中的「正學」思想也是由經學而來。杜維運先生說：「全氏之學，完全由宋明之理學出發；由理學而入於史學，故富於情感，醉心正義，拳拳於故國喬木之思，此由內而外之學也。」〔註10〕正是這種弘揚天地正氣的觀念，使得他治史「完全出於至情，忧於時而動於心，感於懷而形諸文，故其畢生精力，致肆於近代當世之史及文獻學術之史。」〔註11〕即全氏由經學中得出的觀念統攝支配史學的實踐。這種思想情感在他經史之學的實踐中集中地表現為不遺餘力的網羅搜集遺集文獻。他說：「關、洛以前，儒林寥略，苟有傳者，皆當存之，以備時代，不當苟論於其間。」〔註12〕認為為文化發展計，當保存一方之文獻。為此，他輯佚梁任正一《甘棠正義》，謂「隋以前，江南《易》疏十餘家，今更無存，任氏所作雖已備見孔氏書中，然要其故物不可不加珍惜。」〔註13〕又輯佚南宋史徵河所著《周易口訣義》，「足備正義以後之一種，不可聽其無傳也」〔註14〕。抄錄天一閣所藏陳

〔註 7〕阮元《揅經室二集》卷七《全謝山先生經史問答序》。

〔註 8〕江藩《國朝漢學師承記》卷八《黃宗羲》。

〔註 9〕《鮚埼亭集》卷十二《亭林先生神道表》。

〔註10〕杜維運《清代史學與史家》十《全祖望之史學》，中華書局 1988 年，第 330 頁。

〔註11〕杜維運《清代史學與史家》十《全祖望之史學》，第 318 頁。

〔註12〕《鮚埼亭集外編》卷二十三《周易義序》。

〔註13〕《鮚埼亭集外編》卷二十三《甘棠正義序》。

〔註14〕《鮚埼亭集外編》卷二十三《周易義序》。

用之《論語解》，是欲存王安石一脈之經學，「以見熙豐之學之概」〔註15〕。他還預見到《永樂大典》對輯佚學會有巨大的幫助。面對明亡之後，奇節忠烈之士默默無聞，「百年以來，文獻以忌諱脫落，即其後人，亦不甚了了」〔註16〕的現狀，全祖望慨歎：「嗚呼！故國喬木，日以陵夷，而遺文與之俱剝落，徵文徵獻，將於何所？此予之所以累唏長歎而不能自己也。」〔註17〕為此，他撰寫了大量明清之際人物的墓誌銘、事略和傳狀，搜訪他們的遺集，將大量的精力用於研治南明史事，表彰抗清志士高尚的民族氣節。他又將撰述範圍進一步擴大到浙東地方史事，如《續甬上耆舊詩》、《國朝耆舊詩》、《甬上望族表》等。

在這種「正學」情感的支配下，全祖望還提倡據事實錄、秉筆直書的求實精神，認為：「《春秋》之旨，能誅之，不能削之，惟據其實則可誅之；若削之，則是天地之所不能，而書生能之，無是理也。曰：然則當如何書？曰：吾惟從其實而書之耳。」〔註18〕他還寓經世致用之宗旨於經史考證，主張「經術所以經世，方不為迂儒之學」〔註19〕。當然，這些都已為當前學者所專門討論，這裡就不再贅述了。

二、盧文弨的擇善而從

盧文弨（1717～1796），字召弓，一作紹弓，號抱經，人稱抱經先生，浙江餘姚人，是清代最為著名的校勘學家。他的校勘博涉經史，遇書即校，不專主一家，校經校史有所得亦互相沿用，其貫穿經史校勘的最顯著特徵乃在擇善而從。

早在清初，為了求得實學，顧炎武就十分注重經典的真實可靠，因此校勘便極具重要性。他不僅說：「是故信而好古，則舊本不可無存；多聞闕疑，則群書亦當並訂。此非後之君子之責而誰任哉！」〔註20〕並且親撰《九經誤字》，校勘經典。這可以說是盧文弨校勘群籍的先導。盧文弨早在十五歲時，從人借書讀，頗患文字多謬誤，於是即有志於校勘。乾隆十五年（1750年），為官之暇，他開始從事於大量的經史校勘。他曾自敘校書之因：

> 余家無藏書，經史皆不具。少時貿貿不知學有本末，⋯⋯泊官中

〔註15〕 《鮚埼亭集外編》卷二十三《陳用之論語解序》。
〔註16〕 《鮚埼亭集集》卷八《明建寧兵備道僉事鄞倪公壙版文》。
〔註17〕 《鮚埼亭集外編》卷二十五《雪交亭集序》。
〔註18〕 《鮚埼亭集集》卷二十九《帝在房州史法論》。
〔註19〕 《鮚埼亭集》卷十一《梨洲先生神道碑文》。
〔註20〕 《日知錄》卷十八《監本二十一史》。

書，始一意經史，……余非敢索瘢指瑕，陵掩前人，顯自標異。然竊
惟書之傳，於世相壇也，遠者不可得而見，見其近者。今世見宋本者
曾幾人，惟明世本通行耳。後之君子亦當有並不及見明世所刻者。余
故復取諸本與新本，校其異同。其譌謬顯然，則仿《六經正誤》之例，
為一書。其參錯難明，則仿《韓文考異》之例，為一書。……小學浸
廢，六書失真，點畫形誤，不可遍舉，聊從略焉。〔註21〕

一方面，他為保存古書原貌，使後人能夠得見而從事於校勘，頗有存古之意，
與惠棟、戴震興復漢學以古人為師頗相類；另一方面，也是為求得實學而從事
於校勘，與王鳴盛所謂欲讀書必先精校書之旨趣相合。實際做起來，這兩方面
乃是一件事。他又有言：「吾友戴君東原，自其少時，通聲音文字之學，以是
而求之遺經，遂能探古人之心於千載之上。」〔註22〕更可證明他的校書旨趣受
過求實存古的影響。同時我們也可看出，盧文弨也是先具備小學與經學的功
底，由校經而轉入校史。

　　乾隆二十三年（1758年），盧文弨校勘《尚書大傳》，分別撰為《考異》、
《補遺》。乾隆二十九年（1764年）又受秦蕙田委託校勘《五禮通考》。乾隆四
十四年（1779年）盧文弨與朱緒討論講學時說：「夫雜學不如經學，而窮經之
道，又在於研理。理何以明？要在身體而力行之。時時省察，處處體驗，即米
鹽之瑣，寢席之褻，何在非道？即何在非學？正不待沾沾於講說論議之為功
也。」〔註23〕此時他已有了豐富的校勘經驗與思想。乾隆四十五年（1780年）
他正式提出：「說經之道，貴於擇善而從，不可以專家自囿。」〔註24〕明確表
達了「擇善而從」的思想與意識。

　　首先，是要在廣聚眾本中擇其善本。廣羅眾本，明辨源流是提高校勘質量
的關鍵，只有選用最好的版本作為底本才能最大限度地還原古書以原貌。為
此，他重視版本上擇善而從，重視舊本、善本。他在敘述校勘《史記索隱》的
經過時講道：

　　始余初讀三家注《史記》本，見《索隱》之說往往互歧。首卷
後既載《索隱》述贊矣，又云右述贊之體，深所未安。余初疑後語
不出於小司馬，後得毛氏單行《索隱》本，始知小司馬初意欲改史

〔註21〕　《抱經堂文集》卷七《重校經史題辭》。
〔註22〕　盧文弨《抱經堂文集》卷六《戴東原注屈原賦序》。
〔註23〕　《抱經堂文集》卷十九《答朱秀才理齋緒書》。
〔註24〕　《抱經堂文集》卷二《丁小疋傑校本鄭注周易序》。

公體例，自成一書，後以此書傳世已久，忽加穿鑿，難允物情，遂輟不為，而但為之注。其欲改創之規模，別見於後本，不與注混。趙宋時始合《集解》《正義》，俱繫之《史記》正文下，遂致有割截牽並之失。今幸有單行本為正之。然毛氏所梓，亦有次第顛倒，脫文譌字，難可盡據，則仍當以三家本正之。余向以單行本記於三家本上，猶未知擇善而從也，今雖可為是正，而年已老矣。……因令人略加展拓重鈔之，稍序其先後，辨其離合，而於文字之間，尚未能以盡正，不無望於後之人。後之人因余書而復加以考訂之功，亦庶乎其易為力矣。〔註25〕

在校勘眾本產生疑問而難以進行下去的時候，正是得到了毛氏單行《索隱》本，才疑竇頓開。他也以年輕時這段不知擇善而從的教訓告誡、期勉後人。在校勘中，盧文弨還重視以舊本為依據，這是因為舊本乃是最接近於原貌的。曾言：「書所以貴舊本者，非謂其概無一譌也，近世本有經校讎者，頗賢於舊本，然專輒妄改者亦復不少。即如九經小字本，吾見南宋本已不如北宋本，明之錫山秦氏本又不如南宋本，今之翻秦本者更不及焉。以斯知舊本之為可貴也。」〔註26〕已然在校勘實踐中深刻地體會到宋本的珍貴。他還說：「大凡昔人援引古書，不盡皆如本文。故校正群籍，自當先從本書相傳舊本為定。況未有雕版以前，一書而所傳各異者，殆不可以遍舉。今或但據注書家所引之文，便以為是，疑未可也。」〔註27〕這種校勘中對於引文須查證原書的見解，頗類似於現代學術規範中引文須照引原書的做法，值得我們仿傚。

二是不存門戶之見，唯善是從，吸取他人之優長。古籍流傳千百年中，各家版本歧說愈積愈多，校勘起來僅憑一人之才智精力固難做到融會貫通、盡善盡美。對此，盧文弨認識到校書不是閉門造車的學問，必須與志同道合者討論求教，吸取別人的優點長處，而不能心存門戶之見。他在回憶早年校勘群籍的歷程時即深有感觸：

人之為學也，其徑途各有所從入。為理學者宗程、朱，為經學者師賈、孔；為博綜之學者，希踪貴與、伯厚；為詞章之學者，方軌子雲、相如；為鈔撮之學者，則漁獵乎《初學記》、《藝文類聚》

<hr>

〔註25〕《抱經堂文集》卷四《史記索隱校本序》。
〔註26〕《抱經堂文集》卷十二《書吳葵裏所藏宋本白虎通後》。
〔註27〕《抱經堂文集》卷二十《與丁小雅傑進士論校正方言書》。

諸編；為校勘之學者，則規橅乎刊誤、考異諸作。人之力固有所不能兼，抑亦關乎性情，審其近而從事焉，將終身以之，而後可以發名成業。其能有所兼者，尤足貴也。余年十五六，從人借書讀，即鈔之。久之，患諸書文字多謬誤，頗有志於校勘。……至三十外，見近所刊經史，其改正從前之誤，固大有功矣，而用意太過，則不能無穿鑿之失，校者不一其人，則不能無差互之病。於是始因其考證而續成之，漸旁及乎諸子百家。〔註28〕

對前人和時人的校勘成果他更是廣泛吸收，為我所用。乾隆四十六年（1781年），他校勘《周易注疏》的成果《周易注疏輯正》，即是取日本人山井鼎所撰《七經孟子考文》及沈廷芳所訂《十三經注疏正字》之所長，參以己見。他說：

余非敢自詡所見出《正字》、《考文》上也，既覩兩家之美，合之而美始完，其有未及，更以愚管參之。夫校書以正誤也，而粗略者或反以不誤為誤。《考文》於古本、宋本之異同，不擇是非而盡載之，此在少知文義者，或不肯如此。然今讀之，往往有義似難通，而前後參證，不覺渙然者，則正以其不持擇之故，乃得留其本真於後世也。〔註29〕

這種博取眾長的態度，使得他能夠更好地理解所校之書，從而在校勘上取得更大的突破，超越前人。當然，有些問題前人也未必做出解答，或者解答有誤，但在考察他們的成果之後，盧文弨也會獲得很大的啟發，從而幫助問題的解決。例如在校畢《五禮通考》之後，盧文弨曾有書復秦蕙田論曰：

尊案云：「《夏小正》緹縞傳末，有『何以謂之小正以著名也』十字，殊不可解。朱子《儀禮經傳》移在《夏小正》篇名之下。戴氏震考證，以為北宋《大戴禮》本無之，乃《爾雅疏》之文，校書者誤編入此。其說極確，今芟去。」文弨謹案：此係戴君初說，曩曾與論及此，殊不敢以為然。即朱子所更定，亦有未安。既而戴君精思之，乃知舊本非誤，其讀當於「何以謂之」句斷，「《小正》以著名也」六字為一句。此於本書亦有例。因為歎服，前人之不得其解者，止坐句讀未明耳。〔註30〕

〔註28〕 《抱經堂文集》卷十一《書楊武屏先生雜諍後》。
〔註29〕 《抱經堂文集》卷七《周易注疏輯正題辭》。
〔註30〕 《抱經堂文集》卷十八《復秦味經先生校勘五禮通考各條書》。

朱熹、戴震的解釋雖然錯誤，甚至秦蕙田受他們誤導而刪此十字，但若無他們在前面試錯，盧文弨也未必能同戴震議論出正確的斷句之法。

　　三是須擇存古之法，更須擇存真之法。盧文弨明白，校書的目的就是為了正本清源，讓後人得見古籍的原貌。對於存古，他也像惠棟、王鳴盛那樣有意為之。在恢復漢學的潮流下，他也認識到漢人注疏的重要，認為「漢人去古未遠，其所見多古字，其習讀多古音，故其訓詁要於本旨為近。雖有失焉者寡矣。」〔註31〕還說：「宋以前所增竄者，疑亦不少，此則不敢去，恐其餲糠及米也。捨宋本而從別本者，著之；意有疑者，亦著之。若專輒而改舊所傳，則吾豈敢。」〔註32〕為此，他對宋人好抒發胸臆、刪改古書的做法十分不滿，批評道：「宋人校勘語，大率淺陋居多，甚有鹵莽滅裂，不考原委，不究體式，於本無可疑者而亦疑之，刪改憑臆。」〔註33〕若有疑問該怎麼辦呢？他創造性的將注經存疑之法引入校勘，說：「今取他書互證之，其灼然斷在不疑者，則就改本文，而注其所譌者於下，使後來者有所考；若疑者，兩通者，但注其下而已。」〔註34〕當然，存古的同時也不能一味泥古，存古的目的乃是為了存真。對於前人泥古之說，他也勇於斷其是非。就王念孫校勘的《大戴禮記》提出商榷：

> 讀所校《大戴禮記》，凡與諸書相出入者，並折衷之，以求其是，足以破注家望文生義之陋。然舊注之失，誠不當依違，但全棄之，則又有可惜者。若改定正文而與注絕不相應，亦似未可。不若且仍正文之舊，而作案語繫於下，使知他書之文，固有勝於此之所傳者。觀漢魏以上書，每有一事至四五見，而傳聞互異，讀者皆當用此法以治之。相形而不相掩，斯善矣。〔註35〕

盧文弨將這種求是存真之法通用於經史之學，如乾隆四十七年（1782年），校勘熊方《後漢書年表》時也說：「然熊氏草創之勞，固不可泯，而其牴牾之失，亦不能為之諱。若復因循，或轉致貽誤後人。於是更定其尤甚者數條，與夫未是而猶可仍其舊者，皆著說於下，以俟後之人取衷焉。」〔註36〕於此可見其校

〔註31〕《抱經堂文集》卷二《九經古義序》。
〔註32〕《抱經堂文集》卷十《書校本賈誼新書後》。
〔註33〕《抱經堂文集》卷九《兩漢刊誤補遺跋》。
〔註34〕《抱經堂文集》卷五《新校說苑序》。
〔註35〕《抱經堂文集》卷二十《與王懷祖念孫庶常論校正大戴禮記書》。
〔註36〕《抱經堂文集》卷四《校定熊方後漢書年表序》。

勘經史一貫的存實之法。而最體現他存古而不泥古，存真而又得法的當屬對《儀禮》的校勘。盧文弨究心《儀禮》注疏校勘歷時長達五十餘年，終於在乾隆六十年（1795 年）成《儀禮注疏詳校》一書。他說：

> 稍得見諸家之本，往往有因傳寫之譌誤，而遂以訾鄭、賈之失者，於是發憤先為注疏校一善本，已錄成書矣。既而所見更廣，知鄭、賈之說實有違錯，凡後人所駁正，信有證據，知非憑臆以蘄勝於前人也。因復亟取而件繫之。向之訂譌正誤，在於字句之間，其益猶淺。今之糾謬釋疑，尤為天地間不可少之議論，則余書亦庶幾不僅為張淳、毛居正之流亞乎！夫前人有失，後人知而正之，宜也。
>
> 若其辭氣之間有不當，過於亢厲者，此則微為削之。〔註37〕

於此最可體現他存真甚於存古的校勘原則。

此外，盧文弨尚能將小學功底用於經史校勘。他認識到小學對於校勘的重要，認為「凡文之義多生於形與聲」〔註38〕，且「不識訓詁，則不能通六藝之文而求其意」〔註39〕。他的《重校方言》就是一部有關小學校書的代表作，其中對戴震《方言疏證》誤校處多所糾正。在借助音韻訓詁手段的同時，盧文弨更總結出一條經驗：「古書誤字，以形聲求之，猶有可考而復者。」〔註40〕

翁方綱總結盧氏一生校勘成果云：

> 公精於校讎，於陸氏《經典釋文》，取宋本參校，又別為考證附本書後。又於《逸周書》、《孟子音義》、《賈誼新書》、《春秋繁露》、《方言》、《白虎通》、《西京雜記》、《蔡邕獨斷》諸書，皆匯諸家校本，詳勘刊正。又於朋友相質，若《荀子》、《呂氏春秋》、《釋名》、《韓詩外傳》、《顏氏家訓》、《封氏聞見記》、《謝宣城集》，皆手加是正。又於《五經正義表》，若《周易》、《禮記》注疏，若《呂氏讀詩記》，若《魏書》、《宋史》、《金史》，若《新唐書糾謬》，若《列子》、《申鑒》、《新序》、《新論》，諸本脫漏者，咸加薈萃，曰《群書拾補》，並繫以校語。公精研許氏《說文》，晚復雅意金石文字之學。所著述古文集外，有《廣雅注釋》，訂正《儀禮注疏》、《史記索隱》，而《鍾

〔註37〕　《抱經堂文集》卷三《儀禮注疏詳校自序》。
〔註38〕　《抱經堂文集》卷二《九經古義序》。
〔註39〕　《抱經堂文集》卷六《爾雅漢注序》。
〔註40〕　《鍾山札記》卷三《事訓傳誰訓推》。

山、龍城札記》及其他題跋件繫考證之書，不可勝記。〔註41〕
於此頗可體現盧氏經史校勘擇善而從、存古存真、兼具小學功底等諸多方面。

　　在辭官歸養後的二十餘年間，「文弨歷主江浙各書院講席，以經術導士，江浙士子多信從之，學術為之一變。」〔註42〕他勤勤於傳播學術，表彰後學。乾隆四十三年（1778年）他撰文表彰汪師寒著《韓門綴學》云：「此書彷彿顧氏《日知錄》之體例，先經次史，以及古今事始與雜辯證，徵引詳洽而考訂精覈，為近代說部之佳者。」〔註43〕乾隆四十五年（1780年），為丁傑輯校《鄭注周易》撰序，一方面推尊鄭玄經說，又同時表彰丁氏輯校之功。乾隆四十八年（1783年）在山西為三立書院鈔補《通志堂經解》。〔註44〕乾隆五十年（1785年），還曾為錢塘著《續漢書律曆志補注》撰序，祖述祖述律曆一門學問淵源。〔註45〕可見他為傳播文獻，倡導經學，而用心良苦。

　　在盧文弨得意弟子臧庸身上，乾嘉經史之學的傳承體現得最為真切。臧庸（1767～1811），字在東，號拜經，江蘇武進人。師從盧文弨，也從錢大昕、段玉裁等問學。曾入阮元幕府，助阮元輯《經籍纂詁》、校勘《十三經注疏》。像他的前輩們一樣，臧庸既博涉經史，又兼具小學與經學的功底。「於《易》、《書》、《詩》、《爾雅》，粗有所訂，余經奪他事未暇……又校《三禮》、《三傳》、《經典釋文》、《群經音辨》等。」〔註46〕乾隆五十四年（1789年）所輯盧植《禮記解詁》，「凡諸經之義疏，史籍之所載，無不捃拾；即眾家相傳文字音讀之異同，一字一句，罔有遺棄。」〔註47〕在學術理念上，他也篤信漢儒，心存復古。盧文弨告誡他「不識古訓，則不能通六藝之文而求其意。欲識古訓，當於年代相近者求之。」〔註48〕他便主張「讀書當先通訓詁，始能治經，尊信兩漢大儒說，如君師之命弗敢違。非信漢儒也，以三代下漢最近古，其說皆有所受。故欲求聖人之言，捨此無所歸。」〔註49〕他也受王鳴盛極大的影響，贊同

〔註41〕翁方綱《復初齋文集》卷十四《皇清誥授朝議大夫前日講起居注官翰林院侍讀學士報經先生盧公墓誌銘》。
〔註42〕《清史稿》卷四百八十一列傳二百六十八《盧文弨傳》。
〔註43〕《抱經堂文集》卷十一《書韓門綴學後》。
〔註44〕《抱經堂文集》卷七《題三立書院所藏通志堂經解卷首》。
〔註45〕《抱經堂文集》卷四《續漢書律曆志補注序》。
〔註46〕《拜經堂文集》卷四《別鈕匪石序》。
〔註47〕《盧氏禮記解詁》卷首盧文弨《序》。
〔註48〕《抱經堂文集》卷六《爾雅漢注序》。
〔註49〕《拜經堂文集》卷三《與顧子明書》。

家法，曾致書王鳴盛抒發篤信漢儒以治經學的主張：「讀《尚書後案》，初駭其博辨，心怦怦然有動，後反覆推考，始識其精確，心焉愛之。知研究經學，必以漢儒為宗，漢儒之中，尤必折衷於鄭氏。試操此以參考諸家之言，遇鄭氏與諸家異者，畢竟鄭氏勝之。」〔註50〕不僅如此，他還將鄭玄「奉為先師，供其神坐於家塾，以為師範。自今以往，公之神靈時在左右，啟牖小子。俾小子心源日濬，學術日茂，而小子者亦庶幾夢寐通之，無異一堂之上，親授受焉。他日於《六經》之道，或粗有證明乎，是不能無望於公在天之靈也。」〔註51〕志於鄭玄學說篤信謹守，幾乎已經達到癡迷的程度。對於能遵循家法的江聲贊其「篤信好古，墨守漢儒家法者，蓋僅見也。」〔註52〕

　　作為有清一代最傑出的校勘學家，盧文弨的學術也受到乾嘉學者的一致首肯。錢大昕贊他校勘精審：

> 其有得宋元槧本，奉為枕中秘，謂舊本必是，今本必非，專己守殘，不復別白，則亦信古而失之固者也。……宋元之本，果盡可據乎？……學士盧抱經先生，精研經訓，博極群書，自通籍以至歸田，鉛槧未嘗一日去手。俸廩脩脯之餘，悉以購書。遇有祕鈔精校之本，輒宛轉借錄。家藏圖籍數萬卷，皆手自校勘，精審無誤。凡所校定，必參稽善本，證以它書，即友朋後進之片言，亦擇善而從之。……俾知通儒之學，必自實事求是始，毋徒執邨書數篋自矜奧博也。〔註53〕

段玉裁肯定他校書所得：

> 公好校書，終身未嘗廢。……公治經有不可磨之論，其言曰：「唐人之為義疏也，本單行，不與經注合。單行經注，唐以後尚多善本。自宋後附疏於經注，而所附之經注，非必孔、賈諸人所據之本也，則兩相鉏鋙矣。南宋後又附《經典釋文》於注疏間，而陸氏所據之經注，又非孔、賈諸人所據也，則鉏鋙更多矣。淺人必比而同之，則彼此互改，多失其真，幸有改之不盡以滋其鉏鋙啟人考覈者，故注疏、《釋文》合刻，似便而非古法也。」其讀書特識類如此。〔註54〕

作為弟子的臧庸更是推崇老師弘揚學術、衣被後學的貢獻：

〔註50〕　《拜經堂文集》卷三《上王鳳喈光祿書》。
〔註51〕　《拜經堂文集》卷四《先師漢大司農北海鄭公神坐記》。
〔註52〕　《拜經堂文集》卷三《與江叔澐處士書》。
〔註53〕　《潛研堂文集》卷二十五《盧氏群書拾補序》。
〔註54〕　段玉裁《經韻樓集》卷八《翰林院侍讀學士盧公墓誌銘》。

嘗合經史子集三十八部，成《群書拾補》若干卷，正誤輯遺，仿《經典釋文》例，句釋而字注之。……又取《逸周書》《荀子孟子音義》《呂氏春秋》《方言》《白虎通》《韓詩外傳》等一一校刊。至今海內之士，多知讀周秦兩漢書焉。凡《十三經》《二十一史》《大戴禮記》《國語》《國策》《史記索隱》《蔡中郎集》等，皆精意細勘，有手訂善本藏於家。晚年更取影宋鈔《釋文》，審定付梓，每卷撰考證附後。蓋先生以經術導士，於是為至，而衣被學者之功，亦由是益廣矣。〔註55〕

三、畢沅的倡導經史

畢沅（1730～1797），字纕蘅，號秋帆，又自號靈巖山人，江蘇太倉人。他身兼官員、學者二任，其幕府人才薈萃，成為乾嘉時期著名的學術團體，在乾嘉經史考證的學術潮流中成果卓然。

畢沅六歲時即由其母「手授《毛詩》、《離騷》，才一過，輒能覆誦」〔註56〕，十歲開始辨聲韻、學作詩。乾隆六年（1741 年）就學於嘉定毛商岩，根柢經術，為制義之學。又從惠棟、沈德潛遊學。他拜訪以博通諸經聞名鄉里的惠棟，「叩門請謁，問奇析疑，徵君輒娓娓不倦，由是經學日邃」〔註57〕。從沈德潛遊時，又能與王鳴盛、錢大昕、王昶、趙文哲、曹仁虎諸人詩酒往還，漸漸學識大進，大有博涉經史、終老學術的抱負，嘗自稱：「一事未知，乃吾儒恥。事事盡知，誰測物理。靜偃林泉，博涉書史。一耒一竿，伊呂差擬。不逢明時，耕釣老死。」〔註58〕畢沅的從學因緣為他打下了深厚的學術根基，此後科舉順遂，狀元及第，仕宦生涯也一帆風順，然未嘗中輟學術，其博學鴻詞、著作之富，為有清一代督撫大員所未有，尤其延賢禮士、倡導學術、造就人材、推動風氣，得以學術貢獻傳諸後世。

從畢沅自幼受學的經歷來看，他自身已具備小學與經學的功底。年長後又多受惠棟、戴震、錢大昕、江聲諸儒的影響，其學術宗尚亦多有相通之處。畢沅嘗自稱：「沅於詁訓，信好雅言，文字墨守許解，經禮則專宗鄭學。」〔註59〕

〔註55〕《拜經堂文集》卷五《皇清日講官起居注前翰林院侍讀學士盧先生行狀》。
〔註56〕史善長編《弇山畢公年譜》雍正十三年乙卯六歲條。
〔註57〕史善長編《弇山畢公年譜》乾隆十三年戊辰十九歲條。
〔註58〕《靈巖山人詩集》卷一《雜詩》。
〔註59〕《夏小正考注敘》，《經訓堂叢書》，乾隆間鎮洋畢氏刊本。

他對《說文》、《經典釋文》有著詳盡徹底的研究。鑒於「《草木篇》多變舊文，司馬相如作，詁訓書積生詭字，《爾雅》十九篇多俗字」〔註60〕，他作《經典文字辨正書》。此後又「每念《經典》之文多通假借之道，非必古人字少，以一字而兼數義之用，皆緣隸寫轉訛，避繁文而趨便易所成。《說文解字》所有其音同、其義異者，據形著訓，雜而不越，分觀並舉，式鏡攷資。因另為一編，附於辨正之後。」〔註61〕作《音同義異辨》。其所著《墨子》也「悉能引據傳注、類書，匡正其失，又其古字古言，通以聲音訓故之原，豁然解釋。」〔註62〕於此可見其小學功底。而其篤信好古、專宗鄭學之志又可見於《夏小正考注》之作：

> 沅所見各家，自今所行《大戴記》外，其專本有宋朱子本、有關澮本、有傳崧卿本、有王應麟本、有元金履祥本，本朝有故尚書大興黃叔琳本、有故尚書無錫秦蕙田本、有今學士錢塘盧文弨本、有故編修休寧戴震本、有今主事曲阜孔繼涵本，皆分經傳，亦並有異同。案：引者又有鄭康成、郭璞、孔穎達、歐陽詢、徐堅、李善、一行諸人。因遞加參校，附以鄙釋，名曰《夏小正考注》。……戴之說是，必曲證以申明之，偶得一間，又求之諸經，以附合本旨，庶得尊經後傳之義。夫由今以溯傳，既二千年矣，由傳以溯經，又二千年，歷四千餘年之久，而通之者卒不多見其人，蓋信古者少矣，可不深歎哉！〔註63〕

綜觀畢沅倡導經史的作為，大致有以下兩端：

其一，振興文教，傳播文獻。在任職陝甘總督期間，畢沅扶持關中書院，延訪通儒，「諮訪明師，必取博通今古、品行方正者主之。妙選後髦，潛心教學，共相觀摩。後與司道按月輪課，親赴書院，詳加甲乙。」〔註64〕他特以通經向學激勵士子，對他們抱有「士不通經文掃地」〔註65〕的期待。本著求實精神與有裨實用的原則，畢沅纂輯、校正了大量文獻，涉及小學、經學、史學、諸子、地理、金石諸多方面。為使士子瞭解小學之重要，他更刊《說文解字舊

〔註60〕《經典文字辨正書敍》。
〔註61〕《音同義異辨》卷首畢沅《敍》。
〔註62〕孫星衍《問字堂集》卷三雜文三《墨子後序》。
〔註63〕《夏小正考注敍》。
〔註64〕史善長編《弇山畢公年譜》乾隆四十年乙未四十六歲條。
〔註65〕《靈巖山人詩集》卷二十九《甲午監臨試院即景抒懷四首》。

音》，揭示《說文》之旨曰：「許君之書，大略皆以文定字，以字定聲。其立一為耑者，皆文也；形聲相益者，皆字也。」〔註66〕乾隆四十六年（1781年），校《山海經》成，「凡閱五年，自經傳子史、百家傳注、類書所引，無不徵也，其有闕略，則古者不著，非力所及矣。」〔註67〕孫星衍推揚其功可與戴震《水經注》比美。「秋帆先生作《山海經新校正》，其考證地理，則本《水經注》，而自九經箋注、史家地志、《元和郡縣志》、《太平寰宇記》、《通典》、《通考》、《通志》，及近世方志，無不徵也。」〔註68〕他又廣搜博採、窮盡材料補正《晉書地理志》，作《晉書地理志新補正》五卷，指出：「夫晉世版輿，上承三國之瓜分，下值南朝之僑置，建罷沿革，所係非輕。蓋馬彪撰郡國既不詳安、順以後，沈約志州郡又難究徐、兗以西，使諸賢能據貞觀見存之圖籍，述太康混一之山川」，為此，他於「官事之暇，嗜博觀史籍，間以所見校正此志譌漏，凡數百條，又采他地理書可以補正闕失者，皆錄入焉。」〔註69〕他每到一處任職，輒關注當地之地理沿革、風土人情，重刊《三輔黃圖》、《長安圖志》，主持纂輯《關中勝蹟圖》三十卷和《西安府志》八十卷。此外還於陝甘總督任上輯刻《關中金石記》，於河南巡撫任上編《中州金石記》，於湖廣總督任上編《三楚金石記》，以佐經史考證。對已佚諸書也盡力搜求，輯刻《墨子》、《晉太康三年地志》、《晉書地道志》等書。

　　為官之便，畢沅致力於打造「文化幕府」，禮賢下士，延納學者名流，以求得他們襄助著作，傳之不朽。洪亮吉記曰：「公愛士尤篤，聞有一藝長，必馳幣聘請，惟恐其不來，來則厚資給之。余與孫兵備星衍留幕府最久，皆擢第後始散去。孫君見幕府事不如意者，喜慢罵人，一署中疾之若讐。嚴侍讀長明等，輒為公揭逐之，末言：『如有留孫某者，眾即捲堂大散。』公見之不悅，曰：『我所延客，諸人能逐之耶？必不欲與共處，則亦有法。』因別搆一室處孫，館穀倍豐於前，諸人益不平，亦無如何也。」〔註70〕其愛才好士之誠意可見一斑。當然，學者們能齊心學術、詩酒往還，也樂在其中。「畢公撫陝時，愛才下士，校刊古書。時幕府之士甚眾，其尤著者為長洲吳舍人泰來、江寧嚴侍讀長明、嘉定錢州判坫及稚存、淵如。先生至，極詩文

〔註66〕《說文解字舊音敘》。
〔註67〕《山海經新校正序》。
〔註68〕畢沅《山海經新校正》卷首孫星衍《山海經新校正後序》。
〔註69〕《晉書地理志新補正序》。
〔註70〕洪亮吉《更生齋文甲集》卷四《書畢宮保遺事》。

讌會之樂。」〔註71〕以幕府的學術團體為骨幹，畢沅在乾隆四十六年（1781年）至四十九年（1784年）期間主持輯刻了《經訓堂叢書》。這套叢書，不僅將以上所述諸書包含其內，還刊刻惠棟《易漢學》七卷、《明堂大道錄》八卷、《禘說》二卷以表彰發揚惠氏學術，使得惠氏《易》學成就能夠為學界所熟知。劉錦藻說：「沅開府西安，一時經術湛深之士，如孫星衍、洪亮吉、汪中、黃景仁輩，皆從之遊。所輯叢書，有校正《呂氏春秋》一種，咸陽賓客，至今有遺風焉。於關中輿地、金石，人有華路藍縷，以啟山林之毅力。乾隆癸卯校刊於經訓堂，其功亦云鉅矣。」〔註72〕肯定了畢沅於推動學術潮流的扶持倡導之力。

其二，主持襄助大型史籍之纂輯。這主要是指畢沅主持纂輯《續資治通鑒》和《史籍考》兩部大書。乾隆三十七年（1772年），畢沅就立志續修《通鑒》，他組織領導幕府學者搜集材料，反覆商榷撰修宗旨、體例、內容、方法等。馮集梧稱：

> 經營三十餘年，延致一時軼才達學之士，參訂成稿，復經餘姚邵二雲學士核定體例付刻，又經嘉定錢竹汀詹事逐加校閱。然刻未及半，僅百三卷止。集梧於去歲買得原稿全部及不全板片，惜其未底於成，迺為補刻百十七卷，而二百二十卷之書居然完好。緣係畢氏定本，故稍為整理，不復再加玫訂。其翻譯人、地、官名，亦依原書遵四庫館書通行條例改定。〔註73〕

史善長也稱：

> 公自為諸生時，讀涑水《資治通鑒》，輒有志續成之。凡宋元以來事蹟之散逸者，網羅搜紹，貫串叢殘，雖久典封圻，而簿領餘閒，編摩弗輟，為《續通鑒》二百二十卷。始自建隆，訖於至正，閱四十餘年而後卒業。復為凡例二卷、序文一首，畢生精力盡於此書。至是乃付剞劂，藝林鴻寶，海內爭欲先觀為快。〔註74〕

於此可見其纂輯之梗概。乾隆五十七年（1792年）書稿粗成後，章學誠又代畢氏致書錢大昕，祈為審訂：

〔註71〕毛慶善、季錫疇《黃仲則先生年譜》，乾隆四十六年辛丑三十三歲條。

〔註72〕劉錦藻《清朝續文獻通考》卷二百七十《經籍》十四《經訓堂叢書》一六七卷條，浙江古籍出版社2000年，第10141頁。

〔註73〕馮集梧《續資治通鑒序》。

〔註74〕史善長編《弇山畢公年譜》嘉慶二年丁巳六十八歲條。

宋元編年之役，垂二十年，始得粗就隱括，拾遺補闕，商榷繁簡，不無搔首苦心。古人著書，貴有家法。聞見猥陋，不足成家，而好騁繁富，不知所裁，亦失古人著書宗旨。……惟涑水之書，中有評論，……鄙則以為據事直書，善惡自見，史文評論，苟無卓見特識，發前人所未發，開後學所未聞，而漫為頌堯非桀，老生常談，或有意騁奇，轉入迂僻，前人謂如釋氏說法，語盡而繼之以偈，文士撰碑，事具而韻之以銘，斯為贅也。今則姑從缺如，未為失司馬氏意否？〔註75〕

此中議論，又頗可見畢沅篤信好古、遵循家法的為學宗尚。

畢沅主持纂輯的另一部史學著作是《史籍考》。乾隆五十二年（1787年），周震榮以仿朱彝尊《經義考》分類評介經學著述之意提請章學誠向畢沅建議編纂此書。畢沅採納了這一建議，遂開局修《史籍考》，幕府中的洪亮吉、凌廷堪、武億等人皆參與其事，遠在京師的邵晉涵、孫星衍、章宗源亦互通信息、遙相呼應。章學誠敘述修書緣由及體例曰：

校讎著錄，自古為難。二十一家之書，志典籍者，僅有漢、隋、唐、宋四家，餘則闕如。《明史》止錄有明一代著述，不錄前代留遺，非故為闕略也，蓋無專門著錄名家，勒為成書，以作憑藉也。史志篇幅有限，故止記部目，且亦不免錯訛。私家記載，間有考訂，僅就耳目所見，不能悉覽無遺。朱竹垞氏《經義》一考，為功甚鉅，既辨經籍存亡，且採群書敘錄，間為案斷，以折其衷。後人溯經藝者，所攸賴矣。第類例間有未盡，則創始之難。而所收止於經部，則史籍浩繁，一人之力不能兼盡，勢固不能無待於後人也。今擬修《史籍考》，一仿朱氏成法，少加變通，蔚為鉅部，以存經緯相宣之意。〔註76〕

章學誠雖讓體例更加完善，但基本框架卻是仿照朱彝尊《經義考》而來，其纂修史學的思想與意識，恰是由前人纂修經學而來。遺憾的是，因種種曲折，此書至畢沅去世也未完成，書稿也毀於火災之中。

畢沅去世後，錢大昕作墓誌銘曰：

性好著書，雖官至極品，鉛槧未嘗去手。謂經義當宗漢儒，故

<hr>

〔註75〕章學誠《章氏遺書》卷九《為畢制軍與錢辛楣宮詹論續鑒書》。
〔註76〕章學誠《章氏遺書》卷十三《論修史籍考要略》。

有《傳經表》之作。謂文字當宗許氏,故有《經典文字辨正書》及
《音同義異辨》之作。謂編年之史,莫善於涑水,續之者有薛、王、
徐三家,徐雖優於薛、王,而所見書籍猶未備,且不無詳南略北之
病。乃博稽群書,孜證正史,手自裁定,始宋迄元,為《續資治通
鑒》二百二十卷,別為《孜異》附於本條之下,凡四易稿而成。謂
史學當究流別,故有《史籍孜》之作。謂史學必通地理,故於《山
海經》、《晉書・地理志》皆有校注,又有《關中勝蹟圖記》、《西安
府志》之作。謂金石可證經史,宦跡所至,搜羅尤博,有《關中》、
《中州》、《山左金石記》。詩文下筆立成,不拘一格,要自運性靈,
不違大雅之旨,有《靈巖山人詩集》四十卷、《文集》八卷。〔註77〕

錢氏概括了畢沅一生的學術好尚和成就,也可看做畢沅一生倡導經史之學的
作為受到了學界同仁的認可。

四、章學誠的「六經皆史」

在經史關係的發展史上,章學誠的「六經皆史」是繞不開的話題,也是清
代史學史研究中的熱點話題,其理論內涵、意義已多為學界前輩所闡發。〔註
78〕本文僅從由經入史的角度出發,對章學誠思想觀念中經學與史學相通及影
響史學之因素略作論述。

首先,在「六經皆史」的理論框架下,通經通史的目的與宗旨都是為了明
道與經世。經世致用是最高宗旨,明道即是為了經世。《文史通義》開宗明義:
「六經皆史也,古人不著書,古人未嘗離事而言理,六經皆先王之政典也。」
〔註79〕「先王之政典」是什麼?是記載先王所做之事、體現先王所言之理,教
育後人仿傚先王實行經世之志的文獻記載。「古之所謂經,乃三代盛時典章法

〔註77〕《潛研堂文集》卷四十二《太子太保兵部尚書湖廣總督世襲二等輕車都尉畢
公墓誌銘》。
〔註78〕參見周予同、湯志鈞《章學誠六經皆史說初探》,《中華文史論叢》第1輯;柴
德賡《試論章學誠的學術思想》,《光明日報》1963年5月8日;倉修良《也
談章學誠六經皆史》,《史學月刊》1981年第2期;倉修良、葉建華《章學誠
評傳》,南京大學出版社,1996年;余英時《論戴震與章學誠》,三聯書店,
2000年;王記錄《六經的意義與史學變革》,山西師大學報(社會科學版),
2002年第4期;蔣國保《章學誠六經皆史說新論》,華東師範大學學報(哲學
社會科學版),2007年第6期。
〔註79〕《文史通義》內篇一《易教上》。

度，見於政教行事之實，而非聖人有意作為文字以傳後世也。」〔註80〕這裡面的典章法度、民生日用的學問，即是後世所須明之道。經即是載道之書，其所記之內容即先王經世之史。章學誠講道：

> 形而上者謂之道，形而下者謂之器。道不離器，猶影不離形。後世服夫子之教者自六經，以謂六經載道之書也，而不知六經皆器也。……三代以前，《詩》《書》六藝，未嘗不以教人，非如後世尊奉六經，別為儒學一門，而專稱為載道之書者。蓋以學者所習，不出官司典守，國家政教；而其為用，亦不出於人倫日用之常，是以但見其為不得不然之事耳，未嘗別見所載之道也。夫子述六經以訓後世，亦謂先聖先王之道不可見，六經即其器之可見者也。後人不見先王，當據可守之器而思不可見之道。故表章先王政教，與夫官司典守以示人，而不自著為說，以致離器言道也。夫子自述《春秋》之所以作，則云：「我欲託之空言，不如見諸行事之深切著明。」則政教典章，人倫日用之外，更無別出著述之道，亦已明矣。……夫天下豈有離器言道離形存影者哉？彼舍天下事物、人倫日用，而守六籍以言道，則固不可與言夫道矣。……故夫子述而不作，而表章六藝，以存周公舊典也，不敢舍器而言道也。〔註81〕

還說：

> 道之不明久矣。六經皆史也，形而上者謂之道，形而下者謂之器。孔子之作《春秋》也，蓋曰：「我欲託之空言，不如見諸行事之深切著明。」然則典章事實，作者之所不敢忽，蓋將即器而明道耳。其書足以明道矣，籩豆之事，則有司存，君子不以是為瑣瑣也。道不明而爭於器，實不足而競於文，其弊與空言制勝，華辯傷理者，相去不能以寸焉。而世之溺者不察也。〔註82〕

在此更加清晰的表述了，經即是載道之器，孔子刪定六經，即是為了讓後人得以明瞭「政教典章，人倫日用」之道，除此以外，沒有其他所謂道。為了明道，才須通六經，通經才能做到緣器以求道。那麼，通經以明道和通史又有何關聯呢？章學誠也給出了回答：

〔註80〕《文史通義》內篇一《經解上》。
〔註81〕《文史通義》內篇二《原道中》。
〔註82〕《文史通義》內篇五《答客問上》。

> 蓋學問之事，非以為名，經經史緯，出入百家，途轍不同，同
> 期於明道也。道非必襲天人、性命、誠正、治平，如宋人之別以道
> 學為名，始為之道。文章學問，毋論偏全平奇，為所當然而又知其
> 所以然者，皆道也。……學術無有大小，皆期於道。〔註83〕

也就是說通史和通經的目的一樣，皆在於為了明道。而且，史學的宗旨與經學
也是一致，他說：

> 天人性命之學，不可以空言講也。故司馬遷本董氏天人性命之
> 說，而為經世之書。儒者欲尊德性，而空言義理以為功，此宋學之
> 所以見譏於大雅也。夫子曰：「我欲託之空言，不如見諸行事之深切
> 著名也。」此《春秋》之所以經世也。聖如孔子，言為天鐸，猶且不
> 以空言制勝，況他人乎？故善言天人性命，未有不切於人事者。三
> 代學術，知有史而不知有經，切人事也。後人貴經術，以其即三代
> 之史耳。近儒談經，似於人事之外，別有所謂義理矣。浙東之學，
> 言性命者必究於史，此其所以卓也。……或問：事功氣節，果可以
> 與著述相提並論乎？曰：史學所以經世，固非空言著述也。且如六
> 經，同出於孔子，先儒以為其功莫大於《春秋》，正以切合當時人事
> 耳。後之言著述者，舍今而求古，舍人事而言性天，則吾不得而知
> 之矣。學者不知斯義，不足言史學也。整輯排比，謂之史纂；參互
> 搜討，謂之史考；皆非史學。〔註84〕

又稱：

> 然鄭樵有史識而未有史學，曾鞏具史學而不具史法，劉知幾得
> 史法而不得史意。此予《文史通義》所為作也。……誠得如劉知幾、
> 曾鞏、鄭樵其人而與之，由識以進之學，由學而通乎法，庶幾神明
> 於古人之意焉，則《春秋》經世之學，可以昌明。〔註85〕

在他看來，史學的宗旨乃是秉承《春秋》而來，既然《春秋》是為經世而作，
那麼史學也必為經世無疑，即所謂「言性命者必究於史」。何況三代之時本就
經史不分，六經這些文獻記載皆是「切人事」的經世著作。宗旨上的相通與一
致就使得六經皆史成為可能。

〔註83〕《章氏遺書》卷九《與朱滄湄中翰論學書》。
〔註84〕《文史通義》內篇五《浙東學術》。
〔註85〕《章氏遺書》外編卷十六《志隅自敘》。

我們也應注意到，章學誠「六經皆史」的形成也有一個過程，他第一次提出是這樣表述的：「愚之所見，以為盈天地間，凡涉著作之林，皆是史學，《六經》特聖人取此六種之史以垂訓者耳。子集諸家，其源皆出於史。末流忘所自出，自生分別，故於天地之間，別為一種不可收拾、不可部次之物，不得不分四種門戶矣。此種議論，知駭俗下耳目，故不敢多言。……俟為尚書公成書之後，亦當以涉歷所及，自勒一家之言。」〔註86〕此時他正在畢沅幕府編纂《史籍考》，思想尚未完全成熟。但在此次編書的過程中即已體會到經世之書對於史學的重要，故於各門多有採輯。「《四庫》之外，《玉海》最為緊要，除藝文、史部，毋庸選擇外，其餘天文、地理、禮樂、兵刑各門，皆有應采輯處，不特藝文一門已也。」〔註87〕他之所以會有這樣的體會，產生這樣的思想，筆者以為，恰是經史之目的與宗旨相同之故。所以，他自言《史籍考》要「存經緯相宣之意」〔註88〕。

其次，在章學誠的史學思想中，史義與變易觀念從經學中來，經學流弊也同樣帶來史學流弊。

章學誠說：「史所貴者義也，而所具者事也，所憑者文也。」〔註89〕認為史義是史學中極可寶貴之因素。那麼史義從何而來呢？章學誠認為乃直接秉承《春秋》而來，「史之大原，本乎《春秋》。《春秋》之義，昭乎筆削。筆削之義，不僅事具始末，文成規矩已也。以夫子『義則竊取』之旨觀之，固將綱紀天人，推明大道。所以通古今之變，而成一家之言者，必有詳人之所略，異人之所同，重人之所輕，而忽人之所謹，繩墨之所不可得而拘，類例之所不可得而泥，而後微茫杪忽之際，有以獨斷於一心。及其書之成也，自然可以參天地而質鬼神，契前修而俟後聖。」〔註90〕章學誠十分推崇孔子「昭乎筆削」的筆法，這種「綱紀天人，推明大道」的做法即是史義。「孔子作《春秋》，蓋曰其事則齊桓、晉文，其文則史，其義則孔子自謂有取乎爾。夫事即後世考據家之所尚也，文即後世詞章家之所重也，然夫子所取，不在彼而在此。則史家著述之道，豈可不求義意所歸乎？」〔註91〕在他看來，孔子作《春秋》即以史義

〔註86〕《章氏遺書》卷九《報孫淵如書》。
〔註87〕《章氏遺書》卷二十二《與洪稚存博士書》。
〔註88〕《章氏遺書》卷十三《論修史籍考要略》。
〔註89〕《文史通義》內篇三《史德》。
〔註90〕《文史通義》內篇五《答客問上》。
〔註91〕《文史通義》內篇五《申鄭》。

統領史事與史文，此乃孔子意之所在，那麼後世作史豈可不效法先聖？

　　章學誠又將《周易》中的變易思想，吸收進他的史學思想。在《易教上》中章學誠就提出三《易》不相沿襲與古代典制不相沿襲，他說：「《周官》太卜掌三《易》之法，夏曰《連山》，殷曰《歸藏》，周曰《周易》，各有其象與數，各殊其變與占，不相襲也。然三《易》各有所本，《大傳》所謂庖羲、神農與黃帝、堯、舜是也。由所本而觀之，不特三王不相襲，三皇、五帝亦不相沿矣。」〔註92〕既然先王典制皆有變化，那麼史學自然也可以有它自身的變化。「《易》曰『窮則變，變則通，通則久。』紀傳實為三代以後之良法，而演習既久，先王之大經大法，轉為末世拘守之紀傳所蒙，曷可不思所以變通之道歟？」〔註93〕何況，他的這一主張乃是秉承孔子之意。「孔仲達曰：『夫《易》者，變化之總名，改換之殊稱。』先儒之釋《易》義，未有明通若孔氏者也。得其說而進推之，《易》為王者改制之鉅典，事與治歷明時相表裏，其義昭然若揭矣。」〔註94〕由此，他便有了極強的理論依據，能以變易思想來推動史學的變革，改變後世紀傳史書遮蔽「先王之大經大法」的弊端。順便提及的是，章學誠的史學變易觀念與後世龔自珍、魏源等人經世史學的變易觀頗有不同。近代中國鴉片戰爭前後經世思潮的興起實是借助了今文經學的理論，龔、魏等人歷史觀中的變易觀念乃是以《春秋》公羊學為基礎，頗具循環論色彩，認為歷史的動力乃是「氣運」，一個治亂興衰的循環乃是「氣運再造」。章氏的學術於他生前及身後近百年並未彰顯。迄今也沒有材料顯示龔、魏等人對其有過借鑒與揣摩。但章氏能於乾嘉之世以敏銳的眼光將變易觀念引入史學，作為挽救學風努力中變革史學的理論依據，已確屬難得。

　　章學誠不僅把經學的思想引入史學，在他看來，經學的流弊也同樣波及於史學。這集中的體現在他對重修《宋史》的反思上。章學誠嘗反思宋學流弊與《宋史》關係曰：

　　　　宋儒之學，自是三代以後講求誠正治平正路，第其流弊，則於學問、文章、經濟、事功之外，別見有所謂「道」耳。以「道」名學，而外輕經濟事功，內輕學問文章，則守陋自是，枵腹空談性天，無怪通儒恥言宋學矣。然風氣之盛，則村荒學究，皆可抵掌而升講

〔註92〕《文史通義》內篇一《易教上》。
〔註93〕《文史通義》內篇一《書教下》。
〔註94〕《文史通義》內篇一《易教中》。

席；風氣之衰，雖朱、程大賢，猶見議於末學矣。君子學以持世，不宜以風氣為重輕。宋學流弊，誠如前人所譏，今日之患，又坐宋學太不講也。往在京師，與邵先生言及此事，邵深謂然。《廿一史》中，《宋史》最為蕪爛，邵欲別作《宋史》。吾謂別作《宋史》成一家言，必有命意所在；邵言即以維持宋學為志。吾謂維持宋學，最忌鑿空立說，誠以班、馬之業而明程、朱之道，君家念魯志也，宜善成之！〔註95〕

又說：

《宋》、《元》二史之潰敗決裂，不可挽救，實為史學之河、淮洪澤，逆河入海之會，於此而不為回狂障隳之功，則滔滔者何所底止！……諸史之所宜致功者，莫趙宋一代之書。〔註96〕

在他看來，《宋史》的修撰十分粗糙且草率，雖說正值元朝瀕臨崩潰的前夕，但在學術史的視角來看，也恰與元明時期宋學主導下學壇上束書不觀崇尚空談的學術流弊正相契合，正可以反襯出經學上的空談影響到了史學的不務實。毫無疑問，學術流弊影響到了史學，即經學的流弊影響到史學。為學術發展計，講宋學太過或太不講皆有流弊，史學為證經學而作，亦可匡正經學流弊、匡正學術流弊。所以他力促邵晉涵重修《宋史》：

方四庫徵書，遺書祕冊薈萃都下，學士侈於聞見之富。別為風氣，講求史學，非馬端臨氏之所為整齊類比，即王伯厚氏之所為考逸搜遺。是其研索之苦，襲績之勤，為功良不可少，然觀止矣。至若前人所謂決斷去取，各自成家，無取方圓求備，惟冀有當於《春秋》經世，庶幾先王之志焉者，則河漢矣。余嘗語君，史學不求家法，則貪奇嗜瑣，但知日務增華，不過千年，將恐大地不足容架閣矣。君撫膺歎絕，欲以斯意刊定前史，自成一家。……余因請君立言宗旨，君曰宋人門戶之習，語錄庸陋之風，誠可鄙也。然其立身制行，出於倫常日用，何可廢耶。士大夫博學工文，雄出當世，而於辭受、取與、出處、進退之間，不能無簞豆萬鍾之擇，本心既失，其他又何議焉？此著《宋史》之宗旨也。〔註97〕

〔註95〕《章氏遺書》卷九《家書五》。
〔註96〕《章氏遺書》卷九《與邵二雲論修宋史書》。
〔註97〕《章氏遺書》卷十八《邵與桐別傳》。

又說：

> 足下於文，漫不留意，立言宗旨，未見有所發明，此非足下有
> 疏於學，恐於聞道之日猶有待也。足下博綜，十倍於僕，用力之勤，
> 亦十倍於僕，而聞見之擇執，博綜之要領，尚未見其一言蔽而萬緒
> 該也。足下於斯，豈得無意乎？《宋史》之願，大車塵冥，僕亦有
> 志，而內顧枵然，將資於足下而為之耳。〔註98〕

他期望邵晉涵通過重修《宋史》來體悟聖人之道、經世之旨。由此來看章學誠
欲修一部新的《宋史》，絕不是以一部嚴謹的史書代替一部粗率的史書那麼簡
單。他已經說得很明白，這是在經學的指導下欲求聞道而進行的史學錘鍊，具
有著要造就一部漢學式《宋史》的特殊意義。

　　綜合以上兩點來看，我們不難發現，章學誠一生學術的最大經世之處就是
矢志不渝、堅持不懈地對學術風氣持世救偏。在武昌為畢沅修《史籍考》時，
章氏曾致信京中族屬指斥一時學風病痛曰：

> 學問文章，古人本一事，後乃分為二途。近人則不解文章，但
> 言學問，而所謂學問者，乃是功力，非學問也。功力之與學問，實
> 相似而不同。記誦名數，搜剔遺逸，排纂門類，考訂異同，途轍多
> 端，實皆學者求知所用之功力爾。即於數者之中，能得其所以然，
> 因而上闡古人精微，下啟後人津逮，其中隱微可獨喻，而難為他人
> 言者，乃學問也。今人誤執古人功力以為學問，毋怪學問之紛紛
> 矣。……近日言學問者，戴東原氏實為之最。以其實有見於古人大
> 體，非徒矜考訂而求博雅也。然戴氏之言又有過者。戴氏言曰：「誦
> 《堯典》，至『乃命羲和』，不知恒星七政，則不卒業；誦《周南》、
> 《召南》，不知古音則失讀；誦古《禮經》，先士冠禮，不知古者宮
> 室、衣服等制，則迷其方。」戴氏深通訓詁，長於制數，又得古人
> 之所以然，故因考索而成學問，其言是也。然以此概人，謂必如其
> 所舉，始許誦經，則是數端皆出專門絕業，古今寥寥不數人耳，猶
> 復此糾彼訟，未能一定。將遂古今無誦五經之人，豈不誣乎！〔註99〕

正是因為考據風氣的過盛，學者們紛紛埋頭於繁瑣考據，才會導致將功力當做
了學問。在此，章學誠對戴震的批評並非貶低，而是言其對考索之功要求太過，

〔註98〕《章氏遺書》卷九《與邵二雲論學》。
〔註99〕《章氏遺書》卷二十九《又與正甫論文》。

以致流弊所及助長了時下的學風病痛。在章學誠的筆下，學風的敗壞景況已經
到了了如是的程度：

> 且學問之途，本自光明坦蕩，人自從而鬼蜮荊棘，由於好名爭
> 勝，而於學本無所得故也。邵君《雅疏》未出，即有竊其新解，冒為
> 己說，先刊以眩於人，邵君知之，轉改己之原稿以避剿嫌。又其平日
> 應酬文稿，為人連筒攫去。辛楣詹事，嘗有緒言未竟，而點者已演其
> 義而先著為篇。兒子常問古書疑義於陳立三，立三時為剖辨，有鄉學
> 究館於往來之衝，每過必索答問，竊為己說，以眩學徒。君家宋鐫秘
> 笈，李童山借本重刊，亦勝事也，其轉借之人冒為己所篋藏，博人敘
> 跋，譽其嗜奇好古，亦足下所知也。此輩行徑，大者不過穿窬，細者
> 直是胠篋。彼郭象之襲莊注，齊邱之冒紀書，已具田常盜齊之力，猶
> 未能掩千古耳目。況此區區鬼蜮不直一笑者哉！然我黨子弟，用此相
> 猜，則世道人心，實不勝其憂患。……《通義》書中，《言公》、《說
> 林》諸篇，十餘年前舊稿，今急取訂正付刊，非市文也。蓋以頹風日
> 甚，學者相與離跂攘臂於枑梏之間，紛爭門戶，勢將不可已也。得吾
> 說而通之，或有以開其枳棘，靖其噬毒，而由坦易以進窺天地之純、
> 古人之大體也，或於風俗人心不無小補歟。〔註100〕

針對這樣的學風現狀，章學誠在批評的同時也勸誘人們應多向史學尋求幫助。
「近日學者風氣，徵實太多，發揮太少，有如桑蠶食葉而不能抽絲，故近日頗
勸同志諸君多作古文辭，而古文辭必由紀傳史學，進步方能有得。」〔註101〕
還說：「然則辭章記誦，非古人所專重，而才識之士，必以史學為歸。為古文
辭而不深於史，即無由溯源六藝而得其宗，此非文士之所知也。」〔註102〕認
為只精於文字訓詁之學而不深諳史學，也無法真正地看清六藝的面目而探求
到經學的宗旨，這是那些僅僅擅長於文辭之人所不能瞭解的。

為挽救學風病痛，章學誠極力倡導學以經世，昌言「學業將以經世」〔註
103〕，號召「天下事，凡風氣所趨，雖善必有其弊。君子經世之學，但當相弊
而救其偏。」〔註104〕為此，他提出三項措施：

〔註100〕 《章氏遺書》卷末附錄佚篇之《又與朱少白》。
〔註101〕 《章氏遺書》卷九《與汪龍莊書》。
〔註102〕 《章氏遺書》卷九《報黃大俞先生》。
〔註103〕 《文史通義》內篇三《天喻》。
〔註104〕 《文史通義》外篇一《淮南子洪保辨》。

　　一是平停考訂、辭章、義理之學。一方面，他知道「治經而不究於名物度數，則義理騰空而經術因以鹵莽，所係非淺鮮也。」〔註105〕另一方面，他更懂得「風氣之開也，必有所以取；學問、文辭與義理，所以不無偏重畸輕之故也。風氣之成也，必有所以敝；人情趨時而好名，徇末而不知本也。是故開者雖不免於偏，必取其精者，為新氣之迎；敝者縱名為正，必襲其偽者，為末流之託；此亦自然之勢也。」〔註106〕學術界對於考訂、辭章、義理的側重一旦有所不同，必會導致學風的偏向。

　　二是摒棄門戶之見。他談道：「世推顧亭林氏為開國儒宗，然自是浙西之學。不知同時有黃梨洲氏，出於浙東，雖與顧氏並峙，而上宗王、劉，下開二萬，較之顧氏，源遠而流長矣。顧氏宗朱，而黃氏宗陸。蓋非講學專家，各持門戶之見者，故互相推服，而不相非詆。學者不可無宗主，而必不可有門戶，故浙東、浙西，道並行而不悖也。浙東貴專家，浙西尚博雅，各因其習而習也。……朱陸異同，干戈門戶，千古桎梏之府，亦千古荊棘之林也。究其所以紛綸，則惟騰空言而不切於人事耳。知史學之本於《春秋》，知《春秋》之將以經世，則知性命無可空言，而講學者必有事事，不特無門戶可持，亦且無以持門戶矣。……故惟陋儒則爭門戶也。」〔註107〕認為真正貫通經史之學，秉承經世精神的學者，是沒有門戶之見的。縱觀清代自開國至乾嘉晚期引領學壇的大家諸如顧炎武、黃宗羲、戴震、惠棟、錢大昕直至阮元等，無不如此，即如邵晉涵、章學誠亦皆有此認識。

　　三是為求是之學方能會通經史得以問道。他說：「大約學者於古，未能深究其所以然，必當墨守師說。及其學之既成，會通於群經與諸儒治經之言，而有以灼見前人之說之不可以據，於是始得古人大體而進窺天地之純。……有志之士，以謂學當求其是，不可泥於古所云矣。夫是者，天下之公允也。」〔註108〕為此，必須有淡泊名利、持之以恆的毅力。「所謂不能信古，安能疑經，斯言實中癥結。僕則以為，學者祈嚮，貴有崇屬。博詳返約，原非截然分界。及乎泛濫渟蓄，由其所取愈精，故其所至愈遠。古人復起，未知以斯語為何如也。要之，談何容易？十年閉關，出門合轍，卓然自立以不媿古人，正須

〔註105〕　《章氏遺書》卷九《答沈楓墀論學》。
〔註106〕　《章氏遺書》卷二《原學下》。
〔註107〕　《文史通義》內篇五《浙東學術》。
〔註108〕　《章氏遺書》卷八《鄭學齋記書後》。

不羨輕儁之浮名，不揣世俗之毀譽，循循勉勉，即數十年中人以下所不屑為者而為之。」〔註109〕

總之，章學誠一生學術道路的取向及著述皆以扭轉風氣為己任，他將六經納入史學範疇，既有經史共通之處為依據，能夠融通經史，又能為他人生學術方向的選擇張本。

五、阮元今古文兼綜下的求真與經世

阮元（1764～1849），字伯元，號雲臺，一號芸臺，又號雷塘庵主，晚號頤性老人，揚州儀徵人，乾嘉學派的後起之秀，為學能夠兼綜今古文，倡導求是之實學。

在治學門徑上，阮元受戴震影響頗深，亦主張由訓詁以通義理。阮元二十三歲公車抵京時即先後拜謁王念孫、任大椿問學，由他們那裏繼承了戴震訓詁以通義理的主張，強調「聖賢之言，不但深遠者非訓詁不明，即淺近者亦非訓詁不明也。」〔註110〕為此，他也推尊漢儒鄭玄、許慎，在杭州建詁經精舍時奉許慎、鄭玄木主於舍中，以示學術好尚。他有文記曰：

> 聖賢之道存於經，經非詁不明。漢人之詁，去聖賢為尤近。譬之越人之語言，吳人能辨之，楚人則否；高曾之容體，祖父及見之，雲仍則否。蓋遠者見聞，終不若近者之實也。元少為學，自宋人始，由宋而求唐，求晉魏，求漢，乃愈得其實。嘗病古人之詁，散而難稽也，於督學浙江時，聚諸生於西湖孤山之麓，成《經籍纂詁》百有八卷。及撫浙，遂以昔日修書之屋五十間，選兩浙諸生學古者讀書其中，題曰詁經精舍。經舍者，漢學生徒所居之名。詁經者，不忘舊業，且勗新知也。……謂有志於聖賢之經，惟漢人之詁多得其實者，去古近也。許、鄭集漢詁之成者也，故宜祀也。……然則舍經而文，其文無質，舍詁求經，其經不實。為文者尚不可以昧經詁，況聖賢之道乎！〔註111〕

又曾題詩：

> 高樓何處臥元龍，獨倚孤山百尺松。人與峰巒爭氣象，窗收湖

〔註109〕《章氏遺書》卷二十二《與族孫汝南論學書》。
〔註110〕《揅經室集》卷二《論語一貫說》。
〔註111〕《揅經室二集》卷七《西湖詁經精舍記》。

海入心胸，經神誰擅無雙譽，闌影當憑第一重。卻笑扶風空好士，
登梯始見鄭司農。〔註112〕

阮元完全繼承了戴震追尋漢儒之訓詁字義以通經的路子，強調訓詁與義理的結合，同時也遵循吳派惠棟宗尚許、鄭的家法。他的學術路徑也是由小學入於經學，再由經學入於史學。其經學功底亦不可小覷，年輕時已頗有造詣，二十五歲刊刻的研究器物的著作《考工記車製圖解》即對鄭玄注經未當處有所論述。程瑤田曾致書劉台拱曰：「少年後起者，有儀徵阮梁伯，今年新庶常，心力堅銳可畏。近撰《車製圖解》二卷，刻成見寄。其中『輪人』、『輈人』，鄭氏誤解及後人說之未當者，再三推論，斷以己見，閱之令人豁目悅心。」〔註113〕

　　阮元自幼接受的是古文經學的教育，在這種通過考訂以求義理的學術模式下，加之戴震反對盲從漢儒，強調求是的態度也為他所繼承，他自然易蘊育出一種求真的精神。他復興古學，乃是為了復興儒家經典的本來面目以求得經之可信。「後儒說經，每不如前儒說經之確，何者？前儒去古未遠，得其真也。故孔、賈雖深於經疏，要不若毛、鄭說經之確；毛、鄭縱深於《詩》、《禮》，更不若游、夏之親見聞於聖人矣。」〔註114〕所以「元少為學，自宋人始，由宋而求唐，求晉魏，求漢，乃愈得其實。」〔註115〕在這一點上，他走的也是吳、皖兩派的復古之路。但他又和戴震一樣，也絕不會迷信漢儒，他曾說：「余以為儒者之於經，但求其是而已。是之所在，從注可，違注亦可，不必定如孔、賈義疏之例也。歙程易田孝廉，近之善說經者也，其說《考工》戈、戟、鍾、磬等篇，率皆與鄭注相違，而證之於古器之僅存者，無有不合。通儒碩學咸以為不刊之論，未聞以違注見譏。蓋株守傳注，曲為附會，其弊與不從傳注，憑臆空談者等。夫不從傳注、憑臆空談之弊，近人類能言之，而株守傳注，曲為附會之弊，非心知其意者，未必能言之也。」〔註116〕這種求是的態度，乃是真真切切地貫穿著一種求真的精神，「室名揅經者，余幼學以經為近也。余之說經，推明古訓，實事求是而已，非敢立異也。」〔註117〕恐怕正是這種求真的精神，支持他日後也能夠不拘泥於古文經學。隨著今文經學的興起，學術界

〔註112〕《揅經室四集·詩》卷五《題西湖第一樓》。
〔註113〕劉文興《劉端臨先生年譜》乾隆五十四年、三十九歲條，錄程瑤田書。
〔註114〕《小滄浪筆談》卷四《儒經古學》。
〔註115〕《揅經室二集》卷七《西湖詁經精舍記》。
〔註116〕《揅經室一集》卷十一《焦里堂循群經宮室圖序》。
〔註117〕阮福續編《雷塘庵主弟子記》道光三年、六十歲條。

呈多途走向，他也受到今文經學的影響，並能兼容乃至推揚今文經學。發展到後來，他便不僅僅追求考訂與義理上的求真，也同樣貫穿著經世致用的意識，可以說，他在今古文兼綜的學術積澱下，真正做到了求真而不忘經世，經世亦不忘求真。

阮元身任封疆大吏，又能致力學術，振興文教，其學術貫穿求真精神與經世宗旨，具體來說，大致有以下幾個方面。

首先，是他躬身實踐的著述及古籍整理。嘉慶二年（1797 年）任浙江學政時，阮元組織編纂《經籍纂詁》，幾乎囊括了唐以前的所有文字訓詁，同時也吸收了大量當代成果，為讀書士子提供了一部有助於閱讀經典的重要字書。這也體現了他由小學以治經學的宗尚。嘉慶十一年（1806 年）出任江西巡撫時，他主持纂刊《十三經注疏校勘記》二百四十三卷，「始以宋十行本為主，參以開成石經及元明舊刻，葉林宗影宋抄本、陸氏《釋文》等書，屬友人、門弟子分編。而自下鉛黃，定其同異，……至是槧板始成」〔註 118〕。十年後，他又在江西南昌主持刊刻宋本《十三經注疏》成。鼓勵士子云：「竊謂士人讀書當從經學始，經學當從注疏始。空疏之士，高明之徒，讀注疏不終卷而思臥者，是不能潛心擘索，終身不知有聖賢諸儒經傳之學矣。至於注疏諸義，亦有是有非，我朝經學最盛，諸儒論之甚詳，是又在好學深思、實事求是之士，由注疏而推求尋覽之也。」〔註 119〕阮元的古籍整理，為世人提供了經典善本，於經學功莫大焉。於版本學上來講，阮氏刊本的《十三經注疏》也是迄今為止的經典版本。任兩廣總督後，又主持編纂《皇清經解》，將清代前期及乾嘉學派的主要經學著述匯聚一堂，做了一次總結。此書不僅收錄顧炎武、閻若璩、惠棟、戴震等古文經學家的著作，還收錄有莊存與《春秋正辭》、孔廣森《春秋公羊通義》、凌曙《公羊禮說》、劉逢祿《公羊何氏釋例》和《公羊何氏解詁箋》等今文經學家的著作。此書集清儒經學精萃於一體，不僅展現了清代經學的發展歷程，更為經學文獻的保存和傳播貢獻良多。在史學上，阮元有兩部代表作。一是他的史地著作《浙江圖考》，明辨吳越水道源流，體現了求真求實的意識。他說：「古今水道，變遷極多，小水支流，混淆不免。然未有一省主名之大川，定自禹迹，而後人亂之，若今不知浙江為岷江，以浙江、穀水冒浙江者也。元家在揚州府，處北江之北，督學浙省，往來吳、越間者屢矣。參稽

〔註 118〕　《雷塘庵主弟子記》嘉慶十一年、四十三歲條。
〔註 119〕　《揅經室三集》卷二《江西校刻宋本十三經注疏書後》。

經史，測量水土，而得江、浙本為一水之迹，浙江實《禹貢》南江之據。近儒著述，多攷三江，而終未實發之。予乃博引群書，為圖說一卷。」〔註120〕此書乃是他關注水利漕運之暇所作，正可糾正世人對吳越水道的混淆和誤識。二是他編纂了一部我國古代自然科學家的專史《疇人傳》，這可以說是我國科技史的拓荒之作，他在敘述創編宗旨時說：

> 元蚤歲研經，略涉算事，中西異同，古今沿改，三統四分之術，小輪橢圓之法，雖嘗旁稽載籍，博問通人，心鈍事夥，義終昧焉。竊思二千年來，術經七十，改作者非一人，其建率改憲，雖疏密殊途，而各有特識，法數具存，皆足以為將來典要。爰掇拾史書，薈萃群籍，甄而錄之，以為列傳。自黃帝以至於今，凡二百四十三人，附西洋三十七人，大凡二百八十人，離為四十六卷，名曰《疇人傳》。綜算氏之大名，紀步天之正軌，質之藝林，以諗來學。俾知術數之妙，窮幽極微，足以綱紀群倫，經緯天地，乃儒流實事求是之學，非方技苟且干祿之具。有志乎通天地人者，幸詳而覽焉。〔註121〕

阮元對自然科學的重視，淵源於他也視其為實學的一部分，他認為這乃是切於實用的經世之學。

其次，阮元主盟學壇，對前代及同輩學者大力表彰，對前人著述極力推廣。嘉慶二年（1798 年），鮑廷博重刻元儒李冶算學著作《測圓海鏡細草》，阮元為之撰序倡導興復李氏絕學。〔註122〕同年為孔廣森遺著《春秋公羊通義》撰序表彰孔氏闡發《春秋》之旨，「謂《左氏》之事詳，《公羊》之義長，《春秋》重義不重事，是可謂好學深思，心知其意者矣。故能醇會貫通，使是非之旨不謬於聖人。」〔註123〕嘉慶六年（1801 年），他刊刻錢大昕《三統術衍》並撰序表彰錢氏「千古卓識，獨抒心得，其有功於經史甚大，又豈徒闡揚術數而已哉！」〔註124〕又刊行錢大昕早年譯作《地球圖說》，「是說也，乃周公、商高、孔子、曾子舊說也，學者不必喜其新而宗之，亦不必疑其奇而闢之。」〔註125〕表彰錢氏之書可為經世致用的同時又以審慎的態度不迷信盲從前人舊說，顯

〔註120〕《揅經室一集》卷十二《浙江圖考》。
〔註121〕《疇人傳》卷首阮元《序》。
〔註122〕陳鴻森《阮元揅經室遺文輯存》卷中《重刻測圓海鏡細草序》。
〔註123〕《揅經室一集》卷十一《春秋公羊通義序》。
〔註124〕《三統術衍》卷首阮元《序》。
〔註125〕陳鴻森《阮元揅經室遺文輯存》卷中《地球圖說序》。

示亦不忘求真。嘉慶七年為周春著《十三經音略》撰序,重申「窮經之道,必先識字;識字之要,又在審音」〔註126〕,再次強調小學的重要性。嘉慶八年應邵晉涵之子秉華之請為《南江邵氏遺書》撰序,表彰邵氏學術,「餘姚翰林學士邵二雲先生,以醇和廉介之性,為沉博邃精之學,經學、史學,並冠一時,久為海內共推,無俟元之縷述矣。」〔註127〕嘉慶九年為錢大昕《十駕齋養新錄》撰序,推尊錢氏兼擅眾學,為集百年學術大成之鴻儒。嘉慶十一年(1806年)應請為江永遺著《禮書綱目》撰序,「此編向已錄入《四庫全書》,然其卷帙繁重,人間轉鈔希少。顧世所傳刻先生著作,如《群經補義》、《鄉黨圖考》之類,皆吉光片羽,非其絕詣。……余因思其學既為絕學,而其書又為古今所不可少之書,非獨嘉惠來茲,亦以卒朱子未竟之功,其事可不謂偉歟!」〔註128〕嘉慶十四年(1809年)為郝懿行刊刻《山海經箋疏》,「今郝氏究心是經,加以箋疏,精而不鑿,博而不濫,燦然畢著,斐然成章。余覽而嘉之,為之梓版以傳。……余己未總裁會試,從經義中識拔實學士也。」〔註129〕嘉慶十七年(1812年)為紀昀遺集撰序,表彰其學術貢獻稱「蓋公之學在於辨漢、宋儒術之是非,析詩文流派之正偽,主持風會,非公不能。」〔註130〕嘉慶十八年為沒有刊本的陳啟源遺稿《毛詩稽古編》校讎、撰序、刊行,以嘉惠藝林,推戴陳書及惠士奇《詩說》對儒林崇尚實學、稽古右文的創始之功。〔註131〕嘉慶二十二年(1817年)為王引之重訂《經義述聞》南昌刻本撰序,稱高郵王氏父子「家學特為精博,又過於惠、戴二家」〔註132〕。嘉慶二十三年為幕僚江藩《國朝漢學師承記》在廣州刊刻撰序,「江君所纂《國朝漢學師承記》八卷,嘉慶二十三年元居廣州節院時刻之,讀此可知漢世儒林家法之承授,國朝學者經學之淵源,大義微言,不乖不絕。」〔註133〕嘉慶二十四出資在廣東刊刻臧庸遺著《拜經日記》,撰序表彰「臧君發揮經義,推見至隱,直使讀者置身兩漢,若親見諸家之說者。」〔註134〕綜合來看,阮元可謂盡心盡力。不論是惠

〔註126〕陳鴻森《阮元揅經室遺文輯存》卷上《十三經音略序》。
〔註127〕《揅經室二集》卷七《南江邵氏遺書序》。
〔註128〕陳鴻森《阮元揅經室遺文輯存》卷上《禮書綱目序》。
〔註129〕《揅經室三集》卷五《郝戶部山海經箋疏序》。
〔註130〕《揅經室三集》卷五《紀文達公集序》。
〔註131〕陳鴻森《阮元揅經室遺文輯存》卷上《毛詩稽古編序》。
〔註132〕《揅經室一集》卷五《王伯申經義述聞序》。
〔註133〕《國朝漢學師承記》卷首阮元《序》。
〔註134〕《拜經日記》卷首阮元《序》。

棟、戴震，甚至戴震的老師江永，還是錢大昕、邵晉涵，只要是學有所長，著述有價值，阮元就能兼收並蓄，竭力表彰，喚起學界對他們的關注，毫無門戶的偏私與狹隘。

再次，在嘉惠後學方面阮元頗能興辦教育、培養人才以振興一方學術。他早年在浙江時創辦詁經精舍，選江浙有志於經史古學的諸生就讀其中，立鄭玄、許慎木主以示崇獎漢學。孫星衍為詁經精舍題碑記述其緣起曰：「其課士月一番，三人者迭為命題評文之主。問以十三經、三史疑義，旁及小學、天部、地理、算法、詞章，各聽搜討書傳條對，以觀其識。不用局試糊名之法，暇日聚徒講議服物典章，辯難同異，以附古人教學藏修息遊之旨。簡其藝之佳者，刊為《詁經精舍文集》，既行於世，不十年間，上舍之士，多致位通顯，入玉堂，進樞密，出建節而試士。其餘登甲科，舉成均，牧民有善政，及撰述成一家言者，不可勝數。東南人材之盛，莫與為比。」〔註135〕總督兩廣時，阮元又在廣州建學海堂，以經古之學課士子。在這裡，他一方面走古文經學的路子，嘗囑學海堂諸友及學生「古韻之分合，近惟金壇段氏若膺《六書音均表》十七部為善。……高郵王懷祖先生精研六書音韻，欲著《古音》一書，因段氏成書，遂即輟筆。然其分廿一部，甄極《詩》、《騷》，剖析豪芒，不但密於段氏，更有密於陸氏者。」〔註136〕期望他們輯錄段玉裁、王念孫古音部類，以為準繩。另一方面也尊奉今文經學，「昔者何邵公學無不通，進退忠直，聿有學海之譽，與康成並舉，惟此山堂，吞吐潮汐，近取於海，乃見主名。」〔註137〕顯示了校名即是為了紀念今文經學大師何休。今古文經學的並重推動了晚清學術的發展。

綜觀阮元的學術生涯與文化活動，貫穿經世氣質的同時也未嘗削弱其求真精神，故此，他才能提倡實事求是學風，重塑乾嘉經學典範，調和漢宋今古，成為乾嘉學派的殿軍。

〔註135〕《平津館文稿》卷下《詁經精舍題名碑記》。
〔註136〕《揅經室續三集》卷三《與學海堂吳學博蘭修書》。
〔註137〕《揅經室續四集》卷四《學海堂集序》。

第六章　乾嘉時期的由經入史及經史關係

一、乾嘉由經入史的宗旨、精神、路徑與方法等

（一）經世致用的宗旨

乾嘉學術通經治史的學術宗旨乃在經世致用。這直接秉承清初顧炎武所倡導的「引古籌今，亦吾儒經世之用」〔註1〕而來。所不同的，是顧炎武是基於明亡的教訓而反思經世之學，他所說的「君子之為學，以明道也，以救世也」〔註2〕，是期待將來有王者起，而用其說。這裡面基本上強調的是儒者的「明道」觀念，資治的色彩還不濃厚。到了乾嘉時期，明亡已經久遠，社會已然穩定，學術隨著社會政治的發展也有了新的趨向，為學資治的宗旨也就愈漸彰顯。前文提到，乾嘉時期清廷統治者重視經學，號召通經讀史，其意義便在於尋求資治。清廷是在通過經史的教育來提高讀書士子的資治意識，「庶披覽之下，近之有助於正心誠意，推之有益於國是民生」〔註3〕，再通過科舉來吸收這些人才為我所用，鞏固統治。《高宗實錄》中倡導通經讀史之言屢見不鮮：

> 從來經學盛則人才多，人才多則俗化茂。稽諸史冊，成效昭然。〔註4〕

> 士人以品行為先，學問以經義為重。……當令究心經學，以為

〔註1〕《亭林文集》卷四《與人書》八。
〔註2〕《亭林文集》卷四《與人書》二十五。
〔註3〕《高宗實錄》卷五八乾隆二年十二月戊戌條。
〔註4〕《高宗實錄》卷一七乾隆元年四月辛卯條。

明道經世之本。〔註5〕

學以敦行為主，尤以明經為要。〔註6〕

夫政事與學問非二途，稽古與通今乃一致。……將欲得賢材，舍學校無別途；將欲為良臣，舍窮經無他術。〔註7〕

聖賢之學，行本也，文末也，而文之中，經術其根柢也，詞章其枝葉也。……夫窮經不如敦行，然知務本，則於躬行為近。崇尚經術，良有關於世道人心〔註8〕

經史，學之根柢也。〔註9〕

第考之於古，議大政，斷大獄，決大疑，輒引經而折其衷。此窮經之實用也。〔註10〕

蓋經術為根柢之學，原非徒以涉獵記誦為能。朕所望於此選者，務得經明行修，淹洽醇正之士〔註11〕

國家設科取士，首重制義，即古者經疑、經義之意也。文章本乎《六經》，解經即所以載道。〔註12〕

朕崇尚經術，時與儒臣講明理道，猶復廣屬學官，蘄得經明行修之士而登之。〔註13〕

緬惟經學為出政之原，史冊為鑒觀之本。……窮經致用，先務貫通。〔註14〕

夫致用在乎通經，士自束髮授書，思探奧旨，先考賾文。宋儒謂，有舉其辭而不能通其義者矣，未有通其義而不能舉其辭者也。簡策異同，微言實關大義。〔註15〕

〔註 5〕《高宗實錄》卷七九乾隆三年十月辛丑條。
〔註 6〕《高宗實錄》卷二二二乾隆九年八月丁未條。
〔註 7〕《高宗實錄》卷二三九乾隆十年四月戊辰條。
〔註 8〕《高宗實錄》卷三五二乾隆十四年十一月己酉條。
〔註 9〕《高宗實錄》卷三八四乾隆十六年三月戊戌條。
〔註10〕《高宗實錄》卷三八八乾隆十六年五月丙午條。
〔註11〕《高宗實錄》卷三九一乾隆十六年閏五月辛巳條。
〔註12〕《高宗實錄》卷四六一乾隆十九年四月乙巳條。
〔註13〕《高宗實錄》卷六三五乾隆二十六年四月庚寅條。
〔註14〕《高宗實錄》卷七五九乾隆三十一年四月庚申條。
〔註15〕《高宗實錄》卷一二零五乾隆四十九年四月庚戌條。

最後，還是戴震和紀昀道出了國家重經學、以經義取士的原因。戴震說：

> 夫士不通經，則材不純、識不粹，不足以適於化理。故用經義選士者，欲其通經，通經欲純粹其材識，然後可俾之化理斯民，克敬其事、供其職。〔註16〕

紀昀稱：

> 竊惟經義取士，昉自宋王安石。……夫設科取士，將使分治天下之事也。欲治天下之事，必折衷於理。欲明天下之理，必折衷於經。其明經與否不可知，則以所言之是非醇駁，驗所學之得失，準諸聖賢以定去取，較他途尚為有憑。而學者求工經義，不得不研思於經術，藉以考究古訓，誦法先儒，不涉於奇邪之說，於民心士習，尤為先正其本原。經義一法，至今不變，明體達用之士，亦時時挺出於其間，職是故也。〔註17〕

在統治者看來，經學是提高個人修養，扶正世道人心的重要思想武器，是培養學識純粹、明體達用的賢才良臣來治理天下的手段，崇經即是為了躬行，行即經世，此乃聖賢之學的根本。「經學為出政之原，史冊為鑒觀之本」一句明確的表達了官方心目中經史之學在資治功用上的一致性。

從學者的角度出發，經史之學更多的是要追求明道，是要正心、誠意、修身、齊家。戴震即常講為學以求明道：

> 凡學始乎離詞，中乎辨言，終乎聞道。離詞則舍小學故訓無所藉，辨言則舍其立言之體無從而相接以心。……治經之士，得聆一話言，可以通古，可以與幾於道。〔註18〕

還說：

> 立身守二字曰不苟，待人守二字曰無憾。事事不苟，猶未能寡恥辱；念念求無憾，猶未能免怨尤。此數十年得於行事者。
>
> 其得於學：不以人蔽己，不以己自蔽；不為一時之名，亦不期後世之名。有名之見，其蔽二：非掊擊前人以自表襮，即依傍昔儒以附驥尾。二者不同，而鄙陋之心同，是以君子務在聞道也。〔註19〕

〔註16〕《戴震全集》五《鳳儀書院碑》。
〔註17〕《紀曉嵐文集》卷八《甲辰會試錄序》。
〔註18〕《學福齋集》卷十一《沈學子文集序》。
〔註19〕《戴震全集》五《答鄭丈用牧書》。

正是明道關乎世道人心，所以戴震才說：「僕生平論述最大者，為《孟子字義疏證》一書，此正人心之要。今人無論正邪，盡以意見誤名之曰理，而禍斯民，故《疏證》不得不作。」〔註20〕而正是在扶正世道人心這一點上，官方與學壇乃是一致的。所以趙翼稱《廿二史劄記》「至古今風會之遞變、政事之屢更，有關於治亂興衰之故者，亦隨所見附著之。」〔註21〕洪亮吉上書極言時政，「列某封疆誤國不恤民，某使臣婪索虧帑藏，某號稱正士，託迹權門，某官列清班，乞憐貴要。……凡指斥內外臣四十餘人。」〔註22〕

那麼，經學的這一宗旨怎樣貫穿於史學之中呢？在乾嘉學者看來，最直觀的貫通，乃在於《春秋》，因為《春秋》本身即是史。顧棟高稱「憶棟高十一歲時，先君子靜學府君，手抄《左傳》全本授讀，曰：『此二十一史權輿也，聖人經世之大典於是乎在，小子他日當志之。』」〔註23〕自言幼時所受教育中，《左傳》何以為後世史學起始，即因為《左傳》乃注《春秋》之作，所以史學同樣蘊含的「聖人經世之大典」即由此而來，史學的經世之意也就由經學貫通而來。他後來治《春秋》時「於是編，備極苦心，亦藉諸賢之力。《氏族》、《世系》、《官制》三表，則輯於華師道。《朔閏》一表，則經始於華生緯，而師道訂成之。」〔註24〕更直觀的體現了治《春秋》重氏族、世系、職官、年代等對治史側重的影響。而且對《春秋》筆削之旨的闡發更是學人們探求聖人立言宗旨以考察歷代史書的關鍵。

> 謂欲以發明經意，自當求之於經，通經以傳為階，自當博綜於傳，傳之立義各殊，自當折衷於一，一無可執，斷之以理，理無定是，衡之以中，中無定體，參之以時，時有不同，案之於事，聖人之道，時中而已。隨事順理，因時處宜，《春秋》筆削，不以是乎？……人之讀《春秋》者，其即以讀史之瀘讀之焉，沉潛而反覆之，以論其世，鑒空衡平，將聖人筆削之深心，時或遇之，自可以無事深求也矣。〔註25〕

戴震也說：

〔註20〕《戴震全集》一《與段若膺書》。
〔註21〕《廿二史劄記・小引》。
〔註22〕《洪北江先生年譜》附孫星衍《翰林院編修洪君傳》。
〔註23〕顧棟高《春秋大事表》卷首《總序》。
〔註24〕顧棟高《春秋大事表・凡例》第二十條。
〔註25〕汪紱《雙池文集》卷之五《春秋集傳序》。

《春秋》一再傳，而筆削之意已失。故傳之存者三家，各自為例，以明書法，不得《春秋》之書法者蓋多。何邵公、杜元凱諸人，徒據傳為本，名為治《春秋》，實治一傳，非治經也。……震嘗獲聞先生論讀書法曰：「學者莫病於株守舊聞，而不復能造新意；莫病於好立異說，不深求之語言之間以至其精微之所存。夫精微之所存，非強著書邀名者所能至也。日用飲食之地，一動一言，好學者皆有以合於當然之則。循是而尚論古人，如身居其世，覯其事，然後聖人之情見乎詞者，可以吾之精心遇之。非好道之久，涵養之深，未易與於此。」先生之言若是，然則春秋書法以二千載不得者，先生獨能得之，在是也夫！〔註26〕

乾嘉學者很多身兼官員、學者二任，如畢沅、阮元皆以封疆大吏領袖學壇，即便如王鳴盛、錢大昕、趙翼、盧文弨等人也都曾入仕，所以他們於官方來講治學須資治，於學者來講為學求明道，二者統一於經世致用的最高宗旨之下。

（二）求真精神與務實態度

乾嘉學術的求真精神，一方面在於求其古，即惠棟、王鳴盛等人為求得經文原義所倡導的恢復漢學，這是因為「前儒去古未遠，得其真也」〔註27〕；另一方面是求其是，即戴震、錢大昕、阮元等人並不盲從古人所講究的實事求是，這是因為古人的注疏也有錯誤。此種求真之精神，前文已於個案分析中具體明言，此不贅述。正是秉持著這種求真的精神，乾嘉諸儒在治學時才會有謙恭謹慎的態度與仔細務實的學風。這不僅僅是前文所言個別史家的寶貴品格，而且是彌漫於當時學界的優良氛圍。例如顧棟高稱讚惠棟所著《後漢書補注》曰：

先生之援據博而考覈精，一字不肯放過，亦一字不肯輕下，洵史志中絕無僅有之書也。〔註28〕

戴震勸誡弟子任大椿治經不可輕於立論曰：

今幼植奮筆加駁於孔沖遠、賈公彥諸儒，進而難漢之先師鄭君康成矣；進而訾漢以來相傳之子夏《喪服傳》，為劉歆、王莽傅會矣；進而遂訾《儀禮》之經，周公之制作，為歆、莽之為之矣。嗚呼！

〔註26〕《戴震文集》卷十《春秋究遺序》。
〔註27〕阮元《小滄浪筆談》卷四《儒經古學》。
〔註28〕《後漢書補注》卷首顧棟高《序》。

《記》不云乎:「毋輕議禮！」……凡學未至貫本末，徹精粗，徒以意衡量，就令載籍極博，猶所謂「思而不學則殆」也。遠如鄭漁仲、近如毛大可，祇賊經害道而已矣。〔註29〕

王昶有書致汪中，主張讀經須循序漸進曰:

然不審足下之窮經，將取其一知半解，沾沾焉抱殘守缺以自珍，而不致之用乎？抑將觀千古之常經，變而化之謂之通，推而行之謂之事業乎？古人三年通一經，十五年而五經皆通，盈科而進，成章而達，皆此志也。通五經實所以通一經，孔孟謂博學要歸反約。故孔子之後，自周以歷秦漢，千有餘年，山東大師多以一經相授受。仰其師說，雖父子兄弟亦不肯兼而及之。……蓋以兼通必不能精，不精則必不能致於用也。……今之學者，當督以先熟一經，再讀注疏而熟之，然後讀他經，且讀他經注疏，並讀先秦、兩漢諸子，並十七史，以佐一經之義，務使首尾貫串，無一字一義之不明不貫。熟一經再習他經亦如之，庶幾聖賢循循惓惓之至意。若於每經中舉數條，每注疏中舉數十條，抵掌掉舌，以侈淵浩，以資談柄，是躐等速成，誇奇炫博，欺人之學，古人必不取矣。又聞顧亭林先生少時，每年以春夏溫經，請文學中聲音宏敞者四人，設左右坐，置注疏本於前，先生居中，其前亦置經本，使一人誦，而己聽之。遇其中字句不同，或偶忘者，詳問而辯論之。凡讀二十紙再易一人，四人周而復始，計一日溫書二百紙。《十三經》畢，接溫三史，或南北史。故亭林先生之學，如此習熟而纖悉不遺也。〔註30〕

如此這般，均可見當時學術界務實的治學態度。

（三）小學—經學—史學的治學路徑

自從清初顧炎武開闢出由聲音文字以探求經學義理，再沿用以治史的治學路徑之後，乾嘉諸儒便繼承且崇奉著這條由小學入經學，由經學入史學的治學路徑。他們堅持義理必存乎訓詁，治經必先考字義，這幾乎成為當時學術界的通則。吳派的先驅惠棟即言「經之義存乎訓，識字審音，乃知其義，是故古訓不可改也。」〔註31〕而其主張最力者，當屬皖派戴震。乾隆十八年（1753年）

〔註29〕《戴震文集》卷九《與任孝廉幼植書》。

〔註30〕王昶《春融堂集》卷三十二《與汪容夫書》。

〔註31〕惠棟《松崖文鈔》卷一《九經古義述首》。

戴震即致書是鏡闇發治學主張曰：

> 經之至者道也，所以明道者其詞也，所以成詞者字也。由字以通其詞，由詞以通其道，必有漸。求所謂字，考諸篆書，得許氏《說文解字》，三年知其節目，漸覩古聖人制作本始。又疑許氏於故訓未能盡，從友人假《十三經注疏》讀之，則知一字之義，當貫群經，本六書，然後為定。

> 至若經之難明，尚有若干事：誦《堯典》數行，至「乃命羲和」，不知恒星七政所以運行，則掩卷不能卒業；誦《周南》、《召南》，自《關雎》而往，不知古音，徒強以協韻，則齟齬失讀；誦古《禮經》，先《士冠禮》，不知古者宮室、衣服等制，則迷於其方，莫辨其用；不知古今地名沿革，則《禹貢》、《職方》失其處所；不知「少廣」、「旁要」，則《考工》之器不能因文而推其制；不知鳥獸、蟲魚、草木之狀類名號，則比興之意乖。而字學、故訓、音聲未始相離，聲與音又經緯衡從宜辨。

> 僕聞事於經學，蓋有三難：淹博難，識斷難，精審難。三者，僕誠不足與於其間。其私自持，暨為書之大概，端在乎是。前人之博聞強識如鄭漁仲、楊用修諸君子，著書滿家，淹博有之，精審未也。別有略是而謂大道可以徑至者，如宋之陸，明之陳、王，廢講習討論之學，假所謂「尊德性」以美其名，然舍夫「道問學」，則惡可命之「尊德性」乎？未得為中正可知。〔註32〕

入都途經蘇州表彰惠棟學術時又記：

> 賢人聖人之理義非它，存乎典章制度者是也。松崖先生之為經也，欲學者事於漢經師之故訓，以博稽三古典章制度，由是推求理義，確有據依。彼歧故訓、理義二之，是故訓非以明理義，而故訓胡為？理義不存乎典章制度，勢必流入異學曲說而不自知，其亦遠乎先生之教矣。〔註33〕

乾隆三十四年（1769年），為余蕭客著《古經解鉤沉》撰序曰：

> 士生千載後，求道於典章制度，而遺文垂絕，今古懸隔，……僅僅賴夫經師故訓乃通。……經自漢經師所授受，已差違失次，其

〔註32〕《戴震文集》卷九《與是仲明論學書》。
〔註33〕《戴震文集》卷十一《題惠定宇先生授經圖》。

所訓釋，復各持異解。余嘗欲搜考異文，以為訂經之助，又廣攬漢儒箋注之存者，以為綜考故訓之助。……嗚呼！經之至者道也，所以明道者其詞也，所以成詞者未有能外小學文字者也。由文字以通乎語言，由語言以通乎古聖賢之心志，譬之適堂壇之必循其階，而不可以躐等。……今仲林得稽古之學於其鄉惠君定宇，惠君與余相善，蓋嘗深嫉乎鑿空以為經也。〔註34〕

乾隆三十六（1771年）為沈大成《學福齋集》撰序曰：

凡學始乎離詞，中乎辨言，終乎聞道。離詞則舍小學故訓無所藉，辨言則舍其立言之體無從而相接以心。……治經之士，得聆一話言，可以通古，可以與幾於道。〔註35〕

乾隆三十七年（1772年）為任基振著《爾雅注疏箋補》撰序曰：

《爾雅》，《六經》之通釋也。援《爾雅》附經而經明，證《爾雅》以經而《爾雅》明。……夫今人讀書，尚未識字，輒目故訓之學不足為。其究也，文字之鮮能通，妄謂通其語言，語言之鮮能通，妄謂通其心志，而曰傳合不謬，吾不敢知也。〔註36〕

乾隆四十二年（1777年）戴震致書段玉裁，重申訓詁治經的為學主張：

僕自十七歲時，有志聞道，謂非求之六經、孔、孟不得，非從事於字義、制度、名物，無由以通其語言。宋儒譏訓詁之學，輕語言文字，是欲渡江河而棄舟楫，欲登高而無階梯也。為之卅餘年，灼然知古今治亂之源在是。〔註37〕

可見，為學當由小學故訓入手，由訓詁以通經，通經最終以求明道的路徑，是戴震一生汲汲追求且不斷實踐的主張。戴震的弟子自然也是繼承了這條治學路徑。段玉裁曰：

訓詁必就其原文，而後不以字妨經；必就其字之聲類，而後不以經妨字。不以字妨經，不以經妨字，而後經明。經明而後聖人之道明。……夫不習聲類，欲言六書治經，難矣！〔註38〕

王念孫曰：

〔註34〕《戴震文集》卷十《古經解鉤沉序》。
〔註35〕《學福齋集》卷十一《沈學子文集序》。
〔註36〕《戴震文集》卷三《爾雅注疏箋補序》。
〔註37〕《戴震全書》之三十五《與段茂堂等十一札》之第九札。
〔註38〕《經韻樓集》卷二《周禮漢讀考序》。

《說文》之為書，以文字而兼聲音訓詁者也。……訓詁聲音明
而小學明，小學明而經學明。〔註39〕

不僅吳、皖兩派，乾嘉諸儒在此種觀點與路徑上幾乎如出一轍。
錢大昕曰：

嘗謂《六經》者，聖人之言，因其言以求其義，則必自訓詁始；
謂訓詁之外別有義理，如桑門以不立文字為最上乘者，非吾儒之學
也。訓詁必依漢儒，以其去古未遠，家法相承，七十子之大義猶有
存者，異於後人之不知而作也。〔註40〕

夫窮經者必通訓詁，訓詁明而後知義理之趣。後儒不知訓詁，
欲以鄉壁虛造之說求義理所在，夫是以支離而失其宗。〔註41〕

其弟錢大昭曰：

讀書以通經為本，通經以識字為先。經學必資於小學，故鄭司
農深通六經而先明訓詁，小學必資於經學，故許祭酒專精六書而並
研經義。〔註42〕

以上的引證雖然繁瑣，但足以表明由小學入經學的做法是乾嘉學術的核心治
學路徑。對於選擇這條路徑的原由，段玉裁在為王念孫《廣雅疏證》所撰序言
中給出了較圓滿的回答：

小學有形、有音、有義，三者互相求，舉一可得其二。有古形，
有今形，有古音，有今音，有古義，有今義，六者互相求，舉一可
得其五。古今者，不定之名也。三代為古則漢為今，漢魏晉為古則
唐宋以下為今。聖人之製字，有義而後有音，有音而後有形。學者
之攷字，因形以得其音，因音以得其義。……治經莫重乎得義，得
義莫切於得音。……懷祖能以三者互求，以六者互求，尤能以古音
得經義，蓋天下一人而已矣。〔註43〕

正是因為漢字形、音、義的形成有一個過程，在歷史的長河中三者不斷演變，
才會使得今人理解古時的經文產生歧義。所以要尋求經文的原義，必須要先瞭
解經文產生時這些字的古義。即由小學入經學，經學才可信。同時，王鳴盛也

〔註39〕段玉裁《說文解字注》卷首王念孫《說文解字注序》。
〔註40〕錢大昕《潛研堂文集》卷二十四《臧玉林經義雜識序》。
〔註41〕《潛研堂文集》卷二十四《左氏傳古注輯存序》。
〔註42〕方東樹《漢學商兌》卷中之下。
〔註43〕《經韻樓集》卷八《王懷祖廣雅注序》。

給出了循著這條路徑如何再入於史的回答：

> 讀史之法，與讀經小異而大同。何以言之？經以明道，而求道
> 者不必空執義理以求之也，但當正文字，辨音讀，釋訓詁，通傳注，
> 則義理自見，而道在其中矣……讀史者不必以議論求法戒，而但當
> 考其典制之實。不必以褒貶為與奪，而但當考其事蹟之實，亦猶是
> 也，故曰同也。〔註44〕

當然，學者們也同樣會將小學的功底用於史學考證，這在前文敘述錢大昕的時候已做了交代。在此我們也應當明瞭，由小學入經學、由經學入史學的學術路徑乃是服務於經世的宗旨，乾嘉諸儒是將顧炎武的治學路徑發展的更為完善罷了。

（四）由經入史的保證——家法

之所以說乾嘉諸儒完善了顧炎武所開闢的治學路徑，乃是他們提供了治學由小學入經學、由經學入史學的保證，即家法。何謂家法呢？王鳴盛說：「漢儒說經，各有家法。何謂家法？經者，夫子之所修，而七十子傳之，遞相授受，以及於漢儒，必定從一家以名其學，故謂之家法也。」〔註45〕阮元說：「夫漢人治經，首重家法，家法亦稱師法，前漢多言師法，後漢多言家法。至唐，承江左義疏，惟《易》、《書》、《左氏》為後起者所奪，其餘家法未嘗亡也。」〔註46〕可見，這是經學傳承中師徒傳授的一種方式。漢代傳授經學都是由口授，數傳之後，句讀義訓便會互有歧異，於是乃分為各家。對於遞相授受的經學義訓，弟子們不能更改一字，這種各家門派之間的界限十分嚴格，西漢稱作師法，東漢以降稱為家法，到了唐代便已基本消亡。乾嘉學者將這一方法引為己用，成為自身學術訓練與傳承的有力模式，一方面它是恢復了漢儒的治經傳統，另一方面也加進了自己的學術好尚。

家法的恢復自然是伴隨著復古而來，清儒恢復漢學的治學傳統與方法，自然也會十分關注漢代師徒授受的方式。像惠棟凡事必以漢學為是，家法自然也不例外。他說：「漢人通經有家法，故有五經師訓詁之學，皆師所口授，其後乃著竹帛，所以漢經師之說立於學官，與經並行。五經出於屋壁，多古字古言，非經師不能辨。經之義存乎訓，識字審音，乃知其義。是故古訓不可

〔註44〕《十七史商榷序》。
〔註45〕嚴蔚輯《春秋內傳古注輯存》卷首王鳴盛序。
〔註46〕《揅經室二集》卷七《王西莊先生全集序》。

改也，經師不可廢也。」〔註47〕錢大昕也說：「漢儒說經，遵守家法，詁訓傳箋，不失先民之旨。」〔註48〕還曾題詩於惠棟《授經圖》曰：「漢儒說經重詁訓，授受專門先後印。三代遺文近可推，大義微言條不紊。……我朝經術方昌明，天遣耆儒破迷悶。……群書暗誦才翩翩，家法相承語諄諄。」〔註49〕怎樣理解經術的大義微言，清儒發現必須遵守漢儒由訓詁以通經的專門家法，乾嘉學者也正是回復到漢儒的方法，並且代代相承，才能做到「三代遺文近可推」。這也正是為何「我朝經術方昌明」。正是有著這樣的認識，戴震才會將家法上升到明心聞道之正途的高度：「學者大患，在自失其心。心，全天德，制百行。不見天地之心者，不得己之心；不見聖人之心者，不得天地之心。不求諸前古聖賢之言與事，則無從探其心於千載下。是故由六書、九數、制度、名物，能通乎其詞，然後以心相遇。是故求之茫茫，空馳以逃難，岐為異端者，振其藁而更之，然後知古人治經有法，此之謂鄭學。余聞問學於舍人者，得所學以往如是。」〔註50〕

漢儒說經遞相傳授必專主於師，乾嘉諸儒也同樣有著自己的學術好尚，「字學、經學則必定其所宗，文字宜宗許叔重，經義宜宗鄭康成，此金科玉條，斷然不可改移者也。」〔註51〕即以漢學為正宗，必須在文字上宗主許慎，經義上宗主鄭玄。遍觀乾嘉諸儒的學行與著述，這一傾向也體現得極為明顯。王鳴盛說「《尚書後案》何為作也？所以發揮鄭氏康成一家之學也。……予於鄭氏一家之學，可謂盡心焉耳。」〔註52〕阮元立許慎、鄭玄木主於詁經精舍，臧庸也將鄭玄「奉為先師，供其神坐於家塾，以為師範」〔註53〕。這些都體現了乾嘉學者對於家法的完善。

錢大昕和段玉裁曾總結敘述了「家法」衰落及清儒重建「家法」的大體歷程：

> 自宋、元以經義取士，守一先生之說，敷衍傅會，并為一談，
> 而空疏不學者，皆得自名經師。間有讀漢、唐注疏者，不以為俗，

〔註47〕《松崖文鈔》卷一《九經古義述首》。
〔註48〕阮元主編《經籍籑詁》卷首錢大昕《經籍籑詁序》。
〔註49〕《潛研堂詩集》卷十《題惠松崖徵君授經圖》。
〔註50〕《戴震文集》卷十一《鄭學齋記》。
〔註51〕褚寅亮著《儀禮管見》卷首王鳴盛《序》。
〔註52〕《尚書後案》卷首王氏《自序》。
〔註53〕《拜經堂文集》卷四《先師漢大司農北海鄭公神坐記》。

即以為異，其弊至明季而極矣。國朝通儒，若顧亭林、陳見桃、閻百詩、惠天牧諸先生，始篤志古學，研覃經訓，由文字、聲音、訓詁，而得義理之真。……嘗謂《六經》者，聖人之言，因其言以求其義，則必自訓詁始；謂訓詁之外別有義理，如桑門以不立文字為最上乘者，非吾儒之學也。訓詁必依漢儒，以其去古未遠，家法相承，七十子之大義猶有存者，異於後人之不知而作也。三代以前，文字、聲音與訓詁相通，漢儒猶能識之。以古為師，師其是而已矣，夫豈陋今榮古，異趣以相高哉！〔註54〕

校書何放乎？放於孔子、子夏。自孔、卜而後，漢成帝時，劉向及任宏、尹咸、李柱國，各顯所能奏上。向卒，歆終其業。於時有讎有校，有竹有素，蓋綦詳焉。而千古之大業，未有盛於鄭康成氏者也。《七略》必衷六藝，刪定必歸素王，康成氏其亦漢之素王乎？蓋一書流傳既久，彼此乖異，勢所必有也。墨守一家，以此攻彼，夫人而自以為能也。而鄭君之學，不主於墨守，而主於兼綜，不主於兼綜，而主於獨斷。其於經字之當定者，必相其文義之離合，審其音韻之遠近，以定眾說之是非，而以己說為之補正。凡擬其音者，例曰讀如、讀若，音同而義略可知也。凡易其字者，例曰讀為、讀曰，謂易之以音相近之字，而義乃憭然也。凡審知為聲相近若形相似二者之誤，則曰當為，謂非六書假借，而轉寫紕繆者也。漢人作注，皆不離此三者，惟鄭君獨探其本原。其序《周禮》有曰，二鄭、衛、賈、馬之文章，其所變易，灼然如晦之見明，其所彌縫，奄然如合符復析。然猶有差錯，同事相違，則就其原文，字之聲類，攷訓詁，捃祕逸。夫就其原文，所謂相其文義之離合也；就其字之聲類，所謂審其音韻之遠近也。不知虞夏商周之古音，何以得其假借訓詁？不知古聖賢之用心，又何以得其文義而定所從，整百家之不齊與？自是至魏晉間，師法尚在。南北朝說音義家雖多，而罕識要領。至唐顏籀為太宗作《定本》，陸氏作《經典釋文》，孔氏、賈氏作《義疏》，皆自以為六藝所折衷。究之《定本》不可遽信，《釋文》、《正義》其去取甲乙，時或倒置。經字之日譌，而經義何能畢合也？〔註55〕

〔註54〕《潛研堂文集》卷二十四《臧玉林經義雜識序》。
〔註55〕《經韻樓集》卷八《經義雜記序》。

於此，我們也可看出何以要遵循家法，小學宗主於鄭氏的學理內在原因。

當然，在學界一致宗尚漢儒、遵循家法之際，也有有識之士指出不可太過。翁方綱讀段玉裁《周禮漢讀考》便頗多異議：

> 治經之道，其最宜慎者闕疑也，其最不宜蹈者改字也。……昔鄭君禮堂寫經，自謂整百家之不齊。執意千載下，又有整鄭君之不齊者，良可笑也。是以愚意奉勸善為學者，當博攷古今諸家，而一以勿畔程朱為職志。於此等同異審正處，隨事隨文，權其輕重，而平心酌之。
>
> 且莫一意高談復古，戒嗜異而務闕疑，庶稍免於罪悔乎！〔註56〕

遵循家法的同時，他也同樣遵循闕疑的古訓，「博考古今諸家，而一以勿畔程朱為職志」也表現了他不能自劃界限的開明態度。這些也是很值得我們注意的。

我們既可以將家法看做由經入史的保證，也可以將其看做由經入史的媒介。乾嘉諸儒秉承這套治學訓練方法並一輩輩傳承，他們主張治學須有所宗主，即小學宗許慎、經學義疏宗鄭玄，這是由小學入經學的媒介，也同樣不自覺地成為了經學入史學的媒介。錢大昕、王鳴盛、趙翼等一代代學者，無不是在經學為主導的學術環境中成長起來，他們自幼受著大體相同的學術教育與治學訓練，成為家法的有力傳承者與實踐者。在家法的指導下，直接將小學的成果及治學方法應用於經學。同時，正因為他們秉承家法，有且僅有這麼一套在相同的學術訓練下培養出來的模式與道路，所以，他們在將治學精力移向史學的時候，也不自覺地會將治經的種種因素應用於治史。他們可以直接將小學的成果應用於史學，也可以將貫穿小學與經學的方法應用於史學，甚至可以將治經得來的學術精神與宗旨應用於史學。他們人生中所走過的大體學術道路是相同的，學術路徑也是相通的。總而言之，只要家法不至斷絕，只要家法仍在傳承，就依然會有由小學入經學、由經學入史學的路徑存在。

（五）大膽假設、小心求證的方法

關於乾嘉學者考證經史的方法，雖然前文敘述過錢大昕、王鳴盛以小學治經史、趙翼擅長歸納推理等，但這只是個別的案例。總體而言，乾嘉學術的治學方法實是胡適所言「大膽的假設」與「小心的求證」。〔註57〕大膽假設、小心求證的方法也是源自於學者們的治經體驗。在艱深難懂的經文中尋

〔註56〕《復初齋文集》卷十六《書金壇段氏漢讀攷》。
〔註57〕《清代學者的治學方法》，見於歐陽哲生編《胡適文集（2）》，北京大學出版社，1998年。

求字音字義的確切解釋並不是一件容易的事。為了將經文解釋的通，學者們往往會將相近相似的類例加以參照，由此作出一種解釋上的假設，再貫穿群經加以驗證。若於所有的經史之書都解釋的通，便說明這種假設的正確，若不通還可另尋解釋。戴震在主張由訓詁以通經時嘗言：「古故訓之書，其傳者莫先於《爾雅》，六藝之賴是以明也。所以通古今之異言，然後能諷誦乎章句，以求適於至道。……余竊謂儒者治經，宜自《爾雅》始。取而讀之，殫心於茲十年。……夫援《爾雅》以釋《詩》、《書》，據《詩》、《書》以證《爾雅》，由是旁及先秦已上，凡古籍之存者，綜覈條貫，而又本之六書、音聲，確然於故訓之原，庶幾可與於是學，余未之能也。」〔註58〕說的正是大膽假設，小心求證之法。戴震校正《水經注》便是運用此種方法而提出三條原則明確地將經注分開。在乾隆三十年（1765年）校定第一卷時，他即已提出了這三條原則：

> 《水經》立文，首云某水所出，已下不復重舉水名。而注內詳及所納小水，加以採摭故實，彼此相襍，則一水之名不得不循文重舉。《水經》敘次所過郡縣，如云「又東過某縣南」之類，一語寔賅一縣。而注內則自縣西至東，詳記水歷委曲。《水經》所列，即當時縣治，至善長作注時，已縣邑流移。注既附經，是以云逕某縣故城，經無有稱故城者也。凡經例云「過」，注則例云「逕」。是書至唐、宋間遂殘缺淆紊，經多誤入注內，而注誤為經，校者往往以意增改。〔註59〕

當然，這也是處於假設階段，直至九年後的乾隆三十九年（1774年）他將《水經注》校勘完成才說：

> 《水經注》自北宋以來無善本，不可讀。先生讀此既久，得經、注分別之例有三：一則《水經》立文，首云某水所出，以下無庸再舉水名。而注內詳及所納群川，加以采摭故實，彼此相襍，則一水之名，不得不更端重舉。一則經文敘次所過州縣，如云又東過某縣之類，一語實賅一縣，而注則沿溯縣西以終於東，詳記所逕委曲。經據當時縣治，至善長作注時，縣邑流移，是以多稱故城，經無有言故城者也。一則經例云「過」，注例云「逕」，不得相淆。得此三例，迎刃分解，如庖丁之解牛，故能正千年經、注之互譌。

〔註58〕《戴震文集》卷三《爾雅文字考序》。
〔註59〕《水經考次》卷末《書後》。

按：先生於《水經注》，改正經、注互淆者，使經必統注，注必

統於經，其功最鉅。〔註60〕

這個時候，這三條原則才正式確定下來。朱筠表彰戴震所校《水經注》即云「其
刻本混淆者，大抵自宋以後。於是博考唐以前人撰著，若《通典》、《初學記》，
諸書所引，輒與東原所意斷是非符合。用是益以自信，而條理秩然。」〔註61〕
也正是道出了戴震敢於大膽作出假設再於諸史尋求證明的做法。後來，錢大昕
在跟段玉裁談起的時候也說：「考證果到確處，便觸處無礙。如東原在都門分
別《水經》與酈注，得其體例，渙然冰釋。」〔註62〕我們也應看到，這種方法
已然包含了歸納與推理在內。

二、學術史視野下的經史關係

（一）乾嘉學術的總特徵──論考據名學之非

以考據學代指乾嘉學術已非一朝一夕，在乾嘉後期隨著學風流弊的影響
考據這一方法成為了學問名稱。〔註63〕在晚清近代曾國藩言「為學之術有四，
曰義理、曰考據、曰辭章、曰經濟。……考據者，在孔門為文學之科，今世目
為漢學者也。」〔註64〕梁啟超《清代學術概論》云「自秦以後，確能成為時代
思潮者，則漢之經學，隋唐之佛學，宋及明之理學，清之考證學，四者而已。」
〔註65〕經此兩位學壇領袖的表述，追隨者更是以訛傳訛、愈演愈烈。當今學界
亦有這種稱謂，甚至用來指代有清一代學術。然而考據一詞卻並不能概括乾嘉
學術總的特徵與內涵。在清代，經學的主流地位是不容置疑的，若用一個既包
括其內涵又體現其特徵的詞來概括乾嘉學術，乾嘉學者也會毫無疑問地歸結
為：經學。

傳統的中國學術本不主張截然分類，清代的學術也並沒有像現在這樣嚴
格的學科劃分，若按圖書目錄分類，自然是經、史、子、集；若按流派分類，
是為漢學與宋學；若按清人自己習慣的學問之道分類，則是義理、考據、辭章。
戴震有言：「古今學問之途，其大致有三，或事於理義，或事於制數，或事於

〔註60〕段玉裁編《戴東原先生年譜》乾隆三十九年、五十二歲條。

〔註61〕《笥河文集》卷六《戴氏校訂水經注書後》。

〔註62〕段玉裁《古文尚書撰異》卷十三乾隆五十五年七月自識。

〔註63〕羅志田《方法成了學名：清代考據何以成學》，《文藝研究》2010 年第 2 期。

〔註64〕《曾國藩全集》第 14 冊《勸學篇示直隸士子》，嶽麓書社 1986 年。

〔註65〕《清代學術概論》，上海古籍出版社 1998 年，第 1 頁。

文章。事於文章者，等而末者也。……足下好道而肆力古文，必將求其本。求其本，更有所謂大本。大本既得矣，然後曰是道也，非藝也。……聖人之道在《六經》，漢儒得其制數，失其義理，宋儒得其義理，失其制數。」〔註66〕不論從事哪一條道路，其歸根結底的目的乃是為了求得聖人之道，並以所明之道來治理天下。義理、考據、辭章，在戴震看來，只是路途與手段，其本身並不可稱之為學問。漢學、宋學的不同，也只是手段側重的不同。眾所周知，吳派惠棟、皖派戴震的選擇也自是考據一途，其他錢大昕、王鳴盛等莫不如是。翁方綱即評價戴震之學曰：

> 東原固精且勤矣，然其曰聖人之道必由典制名物得之，此亦就一二事言之可矣。……戴君所說者，特專指《三禮》與《爾雅》耳，……豈概以典制名物得之者乎？……是以方綱愚昧之見，今日學者，但當纂言，而不當纂禮。纂言者，前人解詁之同異，音訓之同異，師承源委之實際，則詳審擇之而已矣。若近日之元和惠氏、婺源江氏以及戴君之輩，皆畢生殫力於名物象數之學，至勤且博，則實人所難能也。吾惟愛之重之，而不欲勸子弟朋友效之。必若錢君及蔣心畬斥攷訂之學之弊，則妒才忌能者之所為矣。故吾勸同志者深以攷訂為務，而攷訂必以義理為主。〔註67〕

由此看來，戴震尚能考訂義理兼重。但是清代乾嘉時期恰是恢復漢學、漢學鼎盛的時期，學者治學大多出於考據一途。以致流弊所及，學界之人、讀書士子均只知有考據而忽略義理與辭章。

當時的學風流弊是怎樣的呢？章學誠有言：

> 且學問之途，本自光明坦蕩，人自從而鬼蜮荊棘，由於好名爭勝，而於學本無所得故也。邵君《雅疏》未出，即有竊其新解，冒為己說，先刊以眩於人，邵君知之，轉改己之原稿以避剽嫌。又其平日應酬文稿，為人連筍攫去。辛楣詹事，嘗有緒言未竟，而點者已演其義而先著為篇。兒子常問古書疑義於陳立三，立三時為剖辨，有鄉學究館於往來之衝，每過必索答問，竊為己說，以眩學徒。君家宋鐫秘笈，李童山借本重刊，亦勝事也，其轉借之人冒為己所篋藏，博人敘

〔註66〕《戴震文集》卷九《與方希原書》。

〔註67〕翁方綱《復初齋文集》卷七《理說駁戴震作》附錄《與程魚門平錢戴二君議論舊草》。

跋，譽其嗜奇好古，亦足下所知也。此輩行徑，大者不過穿窬，細者
直是肤篋。彼郭象之襲莊注，齊邱之冒紀書，已具田常盜齊之力，猶
未能掩千古耳目。況此區區鬼蜮不直一笑者哉！然我黨子弟，用此相
猜，則世道人心，實不勝其憂患。……《通義》書中，《言公》、《說
林》諸篇，十餘年前舊稿，今急取訂正付刊，非市文也。蓋以頹風日
甚，學者相與離跂攘臂於桎梏之間，紛爭門戶，勢將不可已也。得吾
說而通之，或有以開其枳棘，靖其嘬毒，而由坦易以進窺天地之純、
古人之大體也，或於風俗人心不無小補歟。〔註68〕

受重考據而輕義理、辭章的影響，學者們甚至只知為考據而考據，而忘記了本
應該明道，以致流弊所至學風敗壞景況如是。有人云古人沒有學術規範，抄書
不注出處，也從不算抄，但「邵君知之，轉改己之原稿以避剿嫌」的做法讓我
們知道，真正正心誠意的學者是能夠自律的，這和錢大昕刪去《考異》中和前
人相同的舊說是一樣的。這種不重複前人舊說的學術規範，至少在乾嘉大儒的
身上已然萌發出來。與此同時，章學誠也被安上了「盜賣畢公《史考》」〔註69〕
的罵名。為此，他的治學也更加致力於挽救學風的頹勢。

　　不僅僅是學界，乾隆五十九年（1794年），石經館臣奏請頒行《考文提要》，
以統一科舉考試題目，高宗予以否決，重申「似此繁列科條，轉非朕嘉惠士林、
稽古右文之意。聖賢垂教之義，原不在章句之末，即流傳古本，儒先各守經師
家法，未必無習誤承譌。士子等操觚構藝，惟期闡發經旨，亦不必以一二字之
增損，偏旁之同異，為去取也。」〔註70〕這表明考據學統一學壇之後的流弊影
響到科舉。過分注重考據而忘記考據的宗旨與目的，這樣的學風影響及於科舉
考試，勢必導致士子的讀書教育忽略闡發經旨的精神而偏重於章句之學。往更
深遠了想，會扼殺儒士的經世致用精神。長久下去，讀書士子喪失經世之心，
無異於扼殺人才，影響國家選才大計。在這件事上，乾隆皇帝的頭腦還是清醒
的，至少要比那些要統一科舉考題的石經館臣看得高遠。

　　學者們沉湎於細瑣考據和剿襲舊說還不算，最關鍵的是失卻了訓詁通經
是為明道經世的宗旨。段玉裁就說：

　　　　玉裁竊以謂，義理、文章未有不由考核而得者。自古聖人制作

[註68]　《章氏遺書》卷末附錄佚篇之《又與朱少白》。
[註69]　《章氏遺書》卷末附錄佚篇之《又與朱少白》。
[註70]　《高宗實錄》卷一四六三乾隆五十九年十月庚午條。

之大，皆精審乎天地民物之理，得其情實，綜其始終，舉其綱以俟
其目，與以利而防其弊，故能奠安萬事，雖有奸暴不敢自外。……
聖人心通義理，而必勞勞如是者，不如是不足以盡天地民物之理也。
後之儒者，畫分義理、考覈、文章為三，區別不相通，其所為細已
甚焉。夫聖人之道在《六經》，不於《六經》求之，則無以得聖人所
求之義理，以行於家國天下。而文詞之不工，又其末也。先生之治
經，凡故訓、音聲、算術、天文、地理、制度、名物、人事之善惡是
非，以及陰陽、氣化、道德、性命，莫不究乎其實。蓋由考覈以通
乎性與天道，既通乎性與天道矣，而考覈益精，文章益盛，用則施
政利民，舍則垂世立教而無弊。淺者乃求先生於一名一物、一字一
句之間，惑矣。〔註71〕

一方面，他並未跳出自身治學道路的影響而將考核置於義理、文章之上，有失
偏頗；另一方面他也看到了不能將三者截然劃分而互不相通，十分明瞭求聖人
之道以澄清天下的宗旨。所以他後來曾致書王引之喟歎：「今日之弊，在不尚
品行政事，而尚剿說漢學，亦與河患相同。然則理學不可不講也，執事其有意
乎？」〔註72〕也意識到要講義理之學。幾年之後的嘉慶十四年（1809年），他
就將考核與身心倫理聯繫在一起，說：「攷覈者學問之全體，學者所以學為人
也。故攷覈在身心性命、倫理族類之間，而以讀書之攷覈輔之。今之言學者，
身心、倫理不之務，謂宋之理學不足言，謂漢之氣節不足尚，別為異說，簧鼓
後生。此又吾輩所當大為之防者。然則余之所望於久能者，勿以此自隘，有志
於攷覈之大而已矣。」〔註73〕十九年（1714年），更明確的提出要講宋學：「愚
謂今日大病在棄洛、閩、關中之學不講，謂之庸腐，而立身苟簡，氣節敗，政
事蕪。天下皆君子而無真君子，未必非表率之過也。故專言漢學，不治宋學，
乃真人心世道之憂，而況所謂漢學者，如同畫餅乎！」〔註74〕他的這種想法乃
是正確的對待學術流派的態度。乾嘉學人亦不乏有識之士，像前文講到的章學
誠也是持這種態度而對學風扶偏救弊，錢大昕亦是不存門戶之見。而領導《四
庫全書》編纂的紀昀，更是體會到學術當持漢、宋之平，不可存門戶之見。乾

〔註71〕《戴東原先生文集》卷首段玉裁《序》。
〔註72〕陳鴻森《段玉裁經韻樓遺文輯存》之《與王懷祖書》。
〔註73〕《經韻樓集》卷八《娛親雅言序》。
〔註74〕《左海文集》卷四《答段懋堂先生書》附錄《懋堂先生書三通》之第三通。

隆五十八年（1793 年）為李東圃《周易義象合纂》撰序曰：

> 君去後，燈下讀之，果於漢學、宋學兩無所偏好，亦兩無所偏
> 惡，息心微氣，考古證今，惟求合乎象之自然、理之當然而後已，
> 而進退存亡之節，亦即經緯其中。所謂主象、主理、主事者，是實
> 兼之，謂非說《易》之正宗可乎？余嘗纂《四庫全書》，作《經》部
> 《詩》類《小序》曰：「攻漢學者，意不盡在於經義，務勝漢儒而已。
> 伸漢學者，意亦不盡在於經義，憤宋儒之詆漢儒而已。出爾反爾，
> 勢於何極。」〔註 75〕

乾隆五十九年（1794 年）為黎世序《易注》撰序重申治《易》不可存門戶之見：

> 漢《易》言象數，宋《易》言理，舊有斯言，其殆循聲而附和
> 歟？夫天地絪蘊，是函元氣，氣有屈伸往來，於是乎生數，數有奇
> 偶錯綜，於是乎成象，此象數所由起也。然屈伸往來，奇偶錯綜，
> 皆理之所寓，而所以屈伸往來，所以奇偶錯綜者，亦皆理之不得不
> 行。故理其自然，數其必然，象其當然，一以貫之者也。漢《易》言
> 數象，不能離存亡進退，非理而何？宋《易》言理，不能離乘承比
> 應，非象數而何？……殊不知《易》之作也，本推天道以明人事，
> 故六十四卦之大象，皆有「君子以」字，而三百八十四爻，亦皆吉
> 凶悔吝為言。是為百姓日用作，非為一二上智密傳微妙也；是為明
> 是非決疑惑作，非為讖緯機祥預使前知也。故其書至繁至賾，至精
> 至深，而一一皆切於事。既切於事，即一一皆可推以理。理之自然
> 者明，則數之必然，象之當然，割然解矣。又何必曰此彼法，此我
> 法，此古義，此新義哉！〔註 76〕

對於科舉與義理、考據的關係，紀昀也有清醒的認識：

> 經義昉於北宋，沿於元代，而大備於明。本以發明義理，觀士
> 子學術之醇疵，其初猶為論體，後乃代聖賢立言。其格主於純粹精
> 深，不主相矜以詞藻。由明洪武以來，先正典型，一一具在，是又
> 文章之一體也。……至經義之中，又分二派，為漢儒之學者，沿溯
> 六書，考求訓詁，使古義復明於後世，是一家也；為宋儒之學者，
> 辨別精微，折衷同異，使六經微旨，不淆亂於群言，是又一家也。

〔註 75〕　《紀曉嵐文集》卷八《周易義象合纂序》。
〔註 76〕　《紀曉嵐文集》卷八《黎君易注序》。

> 國家功令，五經傳註用宋學，而十三經註疏亦列學官。良以制藝主
> 於明義理，固當以宋學為宗，而以漢學補苴其所遺，糾繩其太過耳。
> 如竟以訂正字畫，研尋音義，務旁徵遠引以炫博，而義理不求其盡
> 合，毋乃於聖朝造士之法稍未深思乎。〔註77〕

可見主張漢宋持平，以矯學術之弊，正是當時學界有識之士的主流意見。無
論從官方角度來講國家科舉制藝當以宋學為宗，還是從學壇來講以漢學為主，
其另一方都不可偏廢。論學的目的都是歸結為研尋經義，以求明道，正常的
由經入史欲達到經世致用的目的就須折衷漢、宋，所以固應不偏不倚持漢、
宋之平。

　　既然漢宋持平，考據與義理並重，那麼單獨講考據是不足以概括乾嘉學術
的總體特徵的。怎樣概括此一時代的學術，清人本身即有自己的看法。乾隆六
十年（1795年），焦循即致書星衍指斥以考據名學之非：

> 趙宋以下，經學一出臆斷，古學幾亡。於是為詞章者，亦徒以
> 空衍為事，並經之皮毛亦漸至於盡，殊可閔也。王伯厚之徒，習而
> 惡之，稍稍尋究古說，掇拾舊聞。此風既起，轉相仿效，而天下乃
> 有補苴掇拾之學。此學視以空論為文者，有似此粗而彼精。不知起
> 自何人，強以考據名之，以為不如著作之抒寫性靈。嗚乎！可謂不
> 揣其本而齊其末矣。本朝經學盛興，在前如顧亭林、萬充宗、胡胐
> 明、閻潛邱。近世以來，在吳有惠氏之學，在徽有江氏之學、戴氏
> 之學。精之又精，則程易疇名於歙，段若膺名於金壇，王懷祖父子
> 名於高郵，錢竹汀叔姪名於嘉定。其自名一學，著書授受者，不下
> 數十家，均異乎補苴掇拾者之所為。是直當以經學名之，烏得以不
> 典之稱之所謂考據者，混目於其間乎！〔註78〕

可見清人並不將自己的學問視為考據學，若非要找尋一個名稱來概括，還是稱
之為經學。對於這些代表著清代學術主流的大儒們來講，考據只是手段、方法，
求取經義才是目的，通經致用才是宗旨。考據這一手段只是隨著前人挽救學術
流弊的努力而逐漸受到重視與利用，並不能也從未能取代學問本身。用考據學
來代指清代乾嘉學術乃是誤入歧途，這一點在焦循眼裏十分明瞭，乾嘉後期的
有識之士像章學誠、孫星衍等等也均懂得這個道理。既然乾嘉學者們將他們的

〔註77〕《紀曉嵐文集》卷八《丙辰會試錄序》。
〔註78〕《雕菰集》卷十三《與孫淵如觀察論考據著作書》。

學術名之為經學，即以經學為主導，那麼何以經學是為學問的根本呢？這就涉及到道與器的關係問題。在早先孫星衍至袁枚的一信中即已談到這個問題：

> 來書惜侍以驚采絕豔之才，為考據之學，因言形上謂之道，著作是也；形下謂之器，考據是也。侍推閣下之意，蓋以鈔撮故實為考據，抒寫性靈為著作耳，然非經之所謂道與器也。道者謂陰陽剛柔仁義之道，器者謂卦爻象象載道之文，是著作亦器也。侍少讀書，為訓詁之學，以為經義生於文字，文字本於六書，六書當求之篆籀古文，始知《倉頡》、《爾雅》之本旨。於是博稽鍾鼎款識，及漢人小學之書，而九經三史之疑義，可得而釋。及壯，稍通經術，又欲知聖人制作之意，以為儒者立身出政，皆則天法地。於是考周天日月之度，明堂井田之法，陰陽五行推十合一之數，而後知人之貴於萬物，及儒者之學之所以貴於諸子百家。雖未遽能貫串，然心竊好之。此則侍因器以求道，由下而上達之學。閣下奈何分道與器為二也？〔註79〕

在孫星衍看來，「陰陽剛柔仁義」等經史大義及「聖人制作之意」為道，經史著作及其訓詁考據等皆為器，這點和章學誠亦是相同。因器求道，須借助訓詁考據之法。不能離器言道，亦不能離道言器。換句話說，即文字、聲音、訓詁以及「周天日月之度，明堂井田之法，陰陽五行推十合一之數」等皆為器。那麼透過文字及考據而明經義，即「因器以求道」，這恰恰是學問的目的所在。「鍾鼎款識，及漢人小學之書」，「周天日月之度，明堂井田之法，陰陽五行推十合一之數」這些在我們看來是學問的東西在清人眼中皆是為釋解「九經三史之疑義」而需明瞭的器。反過來看，「文字本於六書」，且「聖人制作之意」皆載於六書，即可見經乃道之載體，故而清人須以經學為根本。因為只有貫串經學大義，才能做到「立身出政，皆則天法地」。而史學乃是瞭解「儒者立身出政」是否「則天法地」的憑證。正是基於這樣的道器理論和明道經世的宗旨，焦循也更加堅定了他以考據名學之非的主張和以經學概括清學的信念。一年之後，他在阮元幕府致書劉台拱曰：

> 國初，經學萌芽，以漸而大備。近時數十年來，江南千餘里中，雖幼學鄙儒，無不知有許、鄭者。所患習為虛聲，不能深造而有得。蓋古學未興，道在存其學，古學大興，道在求其通。前之弊患乎不

〔註79〕《問字堂集》卷四《答袁簡齋前輩書》。

學，後之弊患乎不思。證之以實而運之於虛，庶幾學經之道也。乃
近來為學之士，忽設一考據之名目。循去年在山東時，曾作札與孫
淵如觀察，反覆辨此名目之非。蓋儒者束髮學經，長而遊於膠庠，
以至登鄉薦，入詞館，無不由於經者。既業於經，自不得不深其學
於經。或精或否，皆謂之學經，何考據之云然！〔註80〕

古學興與不興、重學重思、務實務虛，皆是學經的特色，士子自束髮讀書到進
學深造，學的也都是經學，即便是科舉考試也都是考經，所以也只有經學一詞
能代指乾嘉學術。為了捍衛他的觀點，焦循也大力抨擊考據名學的危害：

循嘗怪為學之士，自立一考據名目。以時代言，則唐必勝宋，
漢必勝唐；以先儒言，則賈、孔必勝程、朱，許、鄭必勝賈、孔。凡
鄭、許一言一字，皆奉為圭璧，而不敢少加疑辭。竊謂此風日熾，
非失之愚，即失之偽。必使古人之語言，皆佶厥聱牙而不可通；古
人之制度，皆委曲繁重而失其便。譬諸懦夫不能自立，奴於強有力
之家，假其力以欺愚賤，究之其家之堂室牖戶，未嘗窺而識也。……
循每欲芟此考據之名目，以絕門戶聲氣之習。〔註81〕

如果放任這種學風發展下去，必然會脫離實事求是的道路，將學術引向僵化的
境地，成為另一種形式上的蹈虛之學。誠如方東樹所言：「漢學諸人，言言有
據，字字有考，只向紙上與古人爭訓詁形聲，傳注駁雜，援據群籍，證佐數百
千條，反之身己心行，推之民人家國，了無益處，徒使人狂惑失守，不得所用。
然則雖實事求是，而乃虛之至者也！」〔註82〕

　　焦循之後，主張以經學概括乾嘉學術的亦有人在。江藩著《國朝漢學師承
記》以漢學名清學，嘉慶二十二年（1817年）龔自珍致書於他指出《國朝漢學
師承記》題名不妥，建議改題《國朝經學師承記》：

大著讀竟，其曰《國朝漢學師承記》，名目有十不安焉，改為《國
朝經學師承記》，敢貢其說。夫讀書者實事求是，千古同之，此雖漢
人語，非漢人所能專。一不安也。本朝自有學，非漢學，有漢人稍
開門徑而近加邃密者，有漢人未開之門徑，謂之漢學，不甚甘心。
不安二也。瑣碎餖飣，不可謂非學，不得為漢學。三也。漢人與漢

〔註80〕 《雕菰集》卷十三《與劉端臨教諭書》。
〔註81〕 羅振玉《羅雪堂先生全集》五編《昭代經師手簡二編》載焦循《復王伯申書》。
〔註82〕 方東樹《漢學商兌》卷中之上。

人不同，家各一經，經各一師，孰為漢學乎？四也。若以漢與宋為對峙，尤非大方之言，漢人何嘗不談性道？五也。宋人何嘗不談名物訓詁？不足概服宋儒之心。六也。近有一類人，以名物訓詁為盡聖人之道，經師收之，人師擯之，不忍深論，以詆漢人，漢人不受。七也。漢人有一種風氣，與經無異而附於經，謬以裨竈、梓慎之言為經，因以汩陳五行、矯誣上帝為說經，《大易》、《洪範》，身無完膚，雖劉向亦不免，以及東京內學，本朝何嘗有此惡習？本朝人又不受矣。八也。本朝別有絕特之士，涵詠白文，刓獲於經，非漢非宋，亦惟其是而已矣，方且為門戶之見者所擯。九也。國初之學，與乾隆初年以來之學不同，國初人即不專立漢學門戶，大旨欠區別。十也。有此十者，改其名目，則渾渾圜無一切語弊矣。〔註83〕

在龔自珍看來，清代學術，不僅不能名為考據學，亦不能名為漢學。蓋清學有著兼綜漢宋的包容，而摒棄門戶之見；有著實事求是的追求，而絕無漢人說經的惡習；有著對漢學的溯源與繼承，也有自身新開之門徑。故而可以說清代學術在一定程度上自成一格，惟以經學概括之，方能沒有歧義。

筆者以為，以考據名清學雖有其道理，但這卻是後人的看法而非當時清人自己的看法。欲還原當時學術思想界之歷史情狀，不能以後人的思維來衡量或抹殺古人的想法，而只有明瞭古人自己心目中的觀點，才能確切明瞭當時學者觀念中的經史地位及其相互關係。在清儒眼中，清學的主體與性質即為經學。明瞭了這一點，即有助於我們理解史學在清代學術中相對於經學所處的地位與作用。由這一名稱的概括也不難想見，處於經學籠罩下的清代學術，史學勢必受到經學的薰陶漸染而具備經學的諸多性格與精神，事實也確實是這樣。可以說，在乾嘉時期，無論是在官方還是清儒眼中，經學具備著毋庸置疑的主體地位，史學可以視作經學在學術上的延伸，其地位還未能與經學等量齊觀。

（二）今古文殊途同歸的學術進路假說

乾嘉後期，隨著清朝敗象與社會矛盾的日益顯現，今文經學也開始興起。莊存與（1719～1788）創常州今文經學派，著《春秋正辭》闡發微言大義，弟子孔廣森著《春秋公羊通義》，外孫劉逢祿著《公羊何氏釋例》、《公羊何氏解詁》，淩曙著《公羊禮疏》，《公羊禮說》。春秋公羊學逐漸發展壯大，以致嘉道

〔註83〕《龔定庵全集類編》卷七《與江子屏箋》。

時期直接催生了龔自珍、魏源等人的經世之學，成為倡導政治改革思想的先驅者。

　　乾嘉漢學陣營中的學者均為治古文經學出身，他們與今文經學也有交往。如臧庸為莊存與做傳曰：「公姓莊氏，名存與，字方耕，江蘇武進人。乾隆乙丑榜眼，官禮部左侍郎……所著有……《易》主朱子《本義》，《詩》宗《小序》、《毛傳》，《尚書》則兼治古今文，《春秋》宗《公》、《穀》義例，《三禮》採鄭注，而參酌諸家。」〔註84〕可以看出今文經學的興起中治學也像古文經學那樣皆有所本，學術好尚鮮明。即便是龔自珍也可以說是走的古文經學家的治學路徑。眾所周知，龔自珍是段玉裁的外孫。段玉裁曾致書邵晉涵談到：「小婿龔麗正者，屺懷之子，考據之學，生而精通，大兄年家子也，更得大兄教誨之，庶可成良玉。」〔註85〕龔自珍之父曾受邵晉涵教誨，又為段玉裁之婿，可見家學傳授。對於龔自珍的培養，段玉裁「索觀其所業，詩文甚夥，間有治經史之作。……予少時慕為詞，詞不逮自珍之工，先君子誨之曰：『是有害於治經史之性情，為之愈工，去道且愈遠。』」〔註86〕告誡他勿以詩詞而誤經史，屢屢囑其研讀經史，「博聞強記，多識蓄德，努力為名儒、為名臣，勿願為名士。何謂有用之書？經史是也。」〔註87〕由此可見龔自珍的家學淵源，其治學路徑也必為由小學入經學、由經學入史學。

　　基於此，筆者提出一今古文殊途同歸的學術進路框架。即由經入史的學術路徑又分兩種，一是由古文經學而入於史，一是由今文經學入於史。治古文經的求真影響到治史的求實求是，達到學術上的深化，乾嘉學術能夠達到經學巔峰即是這條道路，如吳、皖兩派；今文經學的經世影響到史學的致用，治學中會做出價值判斷，進而尋求社會意義與價值關懷，乾嘉後經世思潮的興起，如今文經學的興起對乾嘉後史學龔、魏等的影響即是此種。二者宗旨都是經世致用，服務於儒家由做人到入世的人生道路，均有著對社會與人生的價值關懷，體現著學術影響世風。由此，經學與史學在宗旨、傳承、道路、精神、方法上一以貫之。由經入史的路徑，也就成為整個乾嘉時代的學術進路。

　　既然兩種道路歸根結底為致用，那麼筆者認為求真與致用並不衝突，各自的彰顯乃是受時代大環境變動的影響而造成。現代人有時會犯一個錯誤，即將

〔註84〕　《拜經堂文集》卷五《禮部侍郎莊公小傳》。
〔註85〕　劉盼遂《經韻樓文集補編》上《與邵二雲書二》。
〔註86〕　《經韻樓集》卷九《懷人館詞序》。
〔註87〕　《經韻樓集》卷九《與外孫龔自珍札》。

求真與經世對立起來，認為二者存在著此消彼長、難以共存的矛盾，認為只要是求真，便難以去經世，而一旦致力經世，便難以保證求真。這種說法表面上看起來符合乾嘉至近代以來史學發展的表象，但究其實質，是十分荒謬與錯誤的。乾嘉學術的歷史告訴我們，古人從未認為二者存在過難以共存的排斥性，也未曾將二者對立起來。相反，對求真精神與經世宗旨的追求與貫徹倒一直是學者們畢生的責任。乾嘉學術，從經學延伸到史學始終貫徹著經世致用的宗旨與求真求實的精神。

從根本上講，正是有著社會需求才使得學術有著它的價值。為滿足社會需求，學術的目的就必須是經世致用，而怎樣才能起到經世致用的作用呢？這就需要學術有一定的高度與深度，就必須有一個求真的過程。經世是目的，求真是過程，二者在史學上的彰顯與隱晦由學理上來講，實在於今文經學或古文經學的影響所致。治古文經者重求真，治今文經者重致用，均由它們的學術道路與訓練培養而成。阮元的事例向我們表明，一位學人是可以兼具求真與經世而共同彰顯的，只是因緣際會，阮元能夠兼得各種內部和外部的原因與條件而促成之罷了。阮元身處今文經學復蘇的年代，能兼通今古文經，更能得諸多前輩大儒的提點與教誨，便不是一般人所能遭遇，加之其不存門戶的包容與審慎的治學態度，經世與求真的共同彰顯也就不足為奇了。而至道咸之際，今文經學大為興起的背景之下，龔自珍、魏源等人的史學著述，經世之意凸顯，卻顯得殊少求真之精神，以致錯訛多有。那是因為時代的亟變，使得那時的學者難以再坐下冷板凳來一點一滴的做考證工夫，而是需要一種振聾發聵的聲音。當然，也正因為求真之不足，那時真正意義上的史學著作也並未在後世放出異彩。俗語云「磨刀不誤砍柴工」，恐怕求真這一過程正好比是在為經世致用而在磨刀吧。

當然，本文雖論述了乾嘉之際由古文經學入於史學的種種，但道咸之際的經史之學已然超出了本文的時限範圍，故而筆者僅在此提出這一學術進路的框架，聊做一假說罷。

（三）經體史用

僅僅從由經入史的學術進路來總結乾嘉時期的經史關係未免有些狹隘，清人也時常省思千百年來整個學術史的發展來探討清學之利弊，筆者以為這樣視野寬廣的優點也自當為我輩所繼承。我們可以以學術史的視野，將乾嘉時期的經史關係置於漢宋之學的發展演變中來考察。何其幸也，凌廷堪就曾論及

古今學術的演變與當時學風病痛的關係：

> 蓋嘗論之，學術之在天下也，閱數百年而必變。其將變也，必
> 有一二人開其端，而千百人譁然攻之。其既變也，又必有一二人集
> 其成，而千百人靡然從之。夫譁然而攻之，天下見學術之異，其弊
> 未形也。靡然而從之，天下不見學術之異，其弊始生矣。當其時，
> 亦必有一二人矯其弊，毅然而持之。及其變之既久，有國家者，繩
> 之以法制，誘之以利祿，童稚習其說，耄耋不知非，而天下相與安
> 之。天下安之既久，則又有人焉，思起而變之。此千古學術之大較
> 也。……元明以來，儒者墨守程、朱，亦如隋唐以前，儒者墨守鄭、
> 服也。……不明千古學術之源流，而但以譏彈宋儒為能事，所謂天
> 下不見學術之異，其弊將有不可勝言者。嗟乎！當其將變也，千百
> 人譁然而攻之者，庸人也；及其既變也，千百人靡然而從之者，亦
> 庸人也。矯其弊，毅然而持之者，誰乎？〔註88〕

他就將清代的學術放入學術史的視野中，在學術演變的大背景下來看，隨著漢
學與宋學的交替上升而主導學術潮流。可以看出，經學的研究若向宋學靠攏，
則產生宋學式的史學，同樣，經學的研究若以漢學為主導，則造就出漢學式的
史學。在這個影響過程中，經學上的各種流弊也無一不傳染給了史學。乾嘉時
期，漢學昌明，時日既久，必然產生各種流弊，考證陷於繁瑣、為考證而考證、
輕鄙宋學等等，可謂只見樹木不見森林，經史無不如此，且愈至乾嘉中後期而
愈發明顯。當時已有不少學者意識到這些學風病痛並屢有言及，其中頭腦最為
清醒的似乎還是章學誠。他屢次勸邵晉涵重修宋史的目的即在於此，可以實實
在在地說是扭轉學風的努力。他也期望通過史學上的成果帶動整個學術氛圍
遠離這些流弊，可惜初衷雖好，卻未能實現。而歷史上的宋學，又何嘗不是如
此？盧文弨即曾言：

> 宋儒嘗言，讀史易令人心粗。夫史非能令人粗，人自粗耳。則
> 雖以之讀經，亦何能免於粗也？宋儒又每以博文多識比之玩物喪志，
> 故其於史也，略識興亡之大綱，用人行政之得失而已，自謂括其要
> 矣。其他典章制度，因革損益之粲然具列者，率無暇留意；即有所
> 撰述，亦不能通貫曉析，事事合符。其病皆由於讜讜拘拘，不能廣
> 搜博攷，以求其左證，而且專己自用，不師古人。其或時異勢殊，

〔註88〕《校禮堂文集》卷二十三《與胡敬仲書》。

有必不可以沿襲者，而又不能得變通之宜。此而謂之為粗，其又奚
辭？〔註89〕

這可以說是經學與史學一以貫之的反面例證。宋人史學粗乃在於經學粗，其讀
經與讀史，治經與治史，方法一樣，皆「不能廣搜博攷，以求其左證，而且專
己自用，不師古人」。正因其治學方法與學風是一以貫之的，故而可以說「則
雖以之讀經，亦何能免於粗也？」

　　乾隆四十年（1775 年），陸燿集清初迄乾隆間諸儒有裨經世之文為一編，
題為《切問齋文鈔》，其序言一段可視為清人經史關係的總論：

　　　　道備於經，詳於史。經猶鵠也，史冊所載，則古今射鵠之人也。
　　讀經而知鵠之所在，讀史而知射者之得失，則固可無事於為文
　　矣。……學者惑於歧途，而六經始晦，經晦而史家之予奪，亦不盡
　　合乎聖人筆削之旨。……夫經者常也，道之常者，詎待解釋？既有
　　漢之箋故，唐之義疏，宋之章句，微言大義已可無憾，而復撏撦細
　　瑣，抉剔幽隱，人各一編，家著一集。承學之士，意在博觀，玩其
　　枝葉，忘其本文，紛如聚訟，無益毫毛。此何為者也！……方將由
　　文以見道，而乃耗費精神，為此不急，道不終晦矣乎？故以今人之
　　文，言古人之所已言，與其所不必言，不若以今人之所欲言，與其
　　必當言者，以著之文。必也以經為鵠，以史傳中人為同射之耦。鵠
　　有定也，所以置鵠之地無定，或南或北，或東或西，要以必赴乎所
　　懸之的而止。及其命中百步之外，或在正中，或在邊際，均之為中。
　　小有參差，亦非大失。又況事固有與古相違，而於道適合者。……
　　方今名臣大儒，接跡熙朝，類能力破空虛之習，切求身世之宜。或
　　已見諸施行，或尚俟諸百世。吾見其持弓矢，審固與史傳中人決得
　　失於六經之圃，固不應序點公圂之裘之揚觶而廢然去也，而又於為
　　文乎何有？此則余《切問齋文鈔》之意也夫。〔註90〕

清人看來，經以明道，史以存鑒，經統領著史，史證明著經。清人「為學原本
《六經》，凡古今典章之沿革，政事之得失，與夫一名一物流傳，考索研究，
原委井然。」〔註91〕治學以經為本，再去考史，當時學界皆然。因為「經術

〔註89〕《抱經堂文集》卷四《錢晦之大昭後漢書補表序》。
〔註90〕陸燿《切問齋集》卷六《切問齋文鈔序》，乾隆五十七年暉吉堂刻本。
〔註91〕錢儀吉輯《碑傳集》卷一四一汪大經撰《沈先生大成行狀》。

正而人心正，所關於世道者誠不小也」〔註92〕，「崇尚經術，良有關於世道人心」〔註93〕。

由此，筆者總結乾嘉時期經史關係為：經體史用。經主世道人心，史作經世致用。經學上的理想探求，放在學術上的實踐即是史學，向社會展示的呼聲亦是史學。二者不可分：離開經學則史學缺少靈魂，既缺乏為學術而學術的動力、又喪失對社會現實的價值關懷；離開史學則經學找不到更好的媒介，無法證明經學理想的正確、更無法向社會大眾延展經學的理想探求與價值標準。

〔註92〕程晉芳《勉行堂文集》卷五《圖學辨惑跋》。
〔註93〕《高宗實錄》卷三五二乾隆十四年十一月己酉條。

結　語

　　清代是我國經學極盛的朝代，而乾嘉時期尤為翹楚。在我國史學的發展史上，這一時期的史學受經學影響至深。清代之前，經史關係從先秦兩漢的經史不分、歷經魏晉至隋唐的史次於經、宋元的融經入史以及明代的「六經皆史」，經學對史學的影響呈步步深化的趨勢，直至清代達於極致。清初顧炎武、黃宗羲諸大儒開創的博通經史的宏大學術規模、由小學入經學、由經學入史學的治學路徑成為乾嘉學術的先導。乾嘉時期的史家皆首先具備經學的功底，再將這些功底應用於史學。以乾嘉三大考據家錢大昕、王鳴盛、趙翼為代表的乾嘉史學，加之全祖望、盧文弨、畢沅、章學誠、阮元等史家無不如此。從他們的學術訓練、傳承，治學經歷、成果，以及思想主張來看，皆是走的由經學入史學的路子。錢大昕幼承家學具備小學的功底，經學上受惠棟、秦蕙田、戴震等人影響甚深，獨能造就他融會貫通的經史之學，並能做到傳諸後世；王鳴盛深受惠棟影響而希心復古，治學以經學為基礎，以史學為依歸，經學上嚴守漢儒家法，史學上卻好馳騁議論；趙翼雖是由經學入史學的特例，治經學較粗疏，治史學較專精，但其經史考證中的諸多相通因素均可說明經學功底在對史學研究起著作用。除三大考據家外，像全祖望博學會通兼治經史，盧文弨校勘經史擇善而從，畢沅全面倡導經史諸學，章學誠提出「六經皆史」，阮元兼容今古文經學遺澤後學，均可展現乾嘉時期經史之學的風貌。概括而言，乾嘉諸儒這種由經入史的一致性表現在：奉行明道、資治以經世致用的宗旨；秉持求真的精神與務實的態度；博學會通的宏大規模；由小學入經學、由經學入史學的學術路徑；大膽假設、小心求證的考據方法；兼之學術訓練上有家法做保證。這些都使得這一時期的經史不可分離。在乾嘉諸儒的眼中，經以明道，主世道人

心，史切人事，做經世致用，有著經以統史，史以證經的經體史用關係。站在史學立場的角度，又一定程度地跳出史學，以諸多個案分析來帶動梳理乾嘉時期由經入史的學術進路，進而上升到學術史的視野來總結經史關係，對於我們評估史學在乾嘉學術中的基本地位有著重要意義，同時也有助於我們認清乾嘉以降直至晚清近世中國史學的發展脈絡，解釋其基本走向。

餘　論

1. 關於如何在學術史視野下看清代乾嘉史學

　　第一，要做到跳出史學看史學，從宏觀的視角擺正史學的身份及地位。既然是在學術史的視野下來看待史學，就是將其放入更廣闊的視野中來考察。一方面須橫向擴展，視野所及至少須包括學術史中的經學部分，理順經史關係及其互動，這樣有利於看清史學在學術史中的定位；另一方面須縱向延伸，將時間的跨度延長，上可至宋元，至少是明末清初，下可至清末民國，甚至改革開放之後的當代，把握好漢學宋學的交替上升，這樣有利於認識史學在整個學術發展中的作用。第二，要用變易的觀念來看史學，把握史學隨學術潮流的變化而表現出的不同特徵。隨著社會環境及學術風氣的變化，學術潮流也在不斷地發生變化。宋元時期宋學的主導學壇，到明清鼎革之後的漢學主導，到乾嘉後期的漢宋持平，整個學術主流氛圍的變化必然會對史學產生影響。史學一門是否重於考據，是否流於空談等面相均與之有關。清初至乾嘉的經學昌明一直是古文經學的天下，至乾嘉後期隨著帝制王朝的沒落對經世之學的呼喚，今文經學又開始勃興，並在道咸之際逐漸走向昌盛。經今古文學對史學的影響也同樣有異，史學是更重求真還是更重經世，其性格特徵皆由二者決定。

2. 關於乾嘉史學所具有之科學因素

　　當今學者發現乾嘉史學的治學方法已具有現代史學的某些科學因素，也有某些現代學術規範的萌芽。例如臧庸說：「讀書當先通訓詁，始能治經，尊信兩漢大儒說，如君師之命弗敢違。非信漢儒也，以三代下漢最近古，其說皆有所受。故欲求聖人之言，捨此無所歸。」[註1]表明乾嘉諸儒在經學的解釋

〔註 1〕《拜經堂文集》卷三《與顧子明書》。

上自覺尋求與此經年代相近的注疏，認為這些見解皆有所傳授，必然更接近聖人的本意。這與史學上尋求更早更近於事件的第一手史料的做法何其類似。正是將這種經學上的訓練不自覺地應用於史學，才使得乾嘉學人的考史更注重第一手史料的證據，而且將這一方法自覺地貫徹下去。這也是使得乾嘉史學更趨近於近代史學科學的治學方法的因素之一。又如盧文弨談到校勘經驗時說：「大凡昔人援引古書，不盡皆如本文。故校正群籍，自當先從本書相傳舊本為定。況未有雕版以前，一書而所傳各異者，殆不可以遍舉。今或但據注書家所引之文，便以為是，疑未可也。」〔註2〕這種校勘中對於引文須查證原書的見解，頗類似於現代學術規範中引文須照引原書的做法。可以說那時的中國史學即具有了向科學化轉變的跡象。當然，這種轉變並非是受西方科學的影響使然，那要等到新文化運動以後，而恰是由傳統經學的影響生發出來。究其原因，實在於傳統經學與近代科學的精神皆重在求真，二者不謀而合。只不過中國的經學走的是形而上的精神路徑，而西方科學是從形而下的實證方法延伸過去。二者對於真理的追求可謂「條條大路通羅馬」。這個學術上探求真理的終極原因，借助明清鼎革之際社會劇變的現實刺激，必然帶來學理上的轉變，即由「尊德性」轉向「道問學」。由此，學術上實學大興，方法上向實證靠攏，在整個學術的大變易之下，史學必然隨之轉變。看到了學術史上這個大方向的變動，便不難理解清初至乾嘉及乾嘉以來史學的基本走向，便不難理解何以考據會成為乾嘉史學的代言符號，何以其考據方法頗具科學性。

3. 關於經史關係與史學現狀

沿著今古文殊途同歸的路徑框架思考下去，道咸以降經世史學的興起也同樣是受學理變動與現實刺激的內外交攻而成。然不論是古文經學還是今文經學二者誰為主導，經學上的求真精神與經世宗旨並不衝突，故而經學影響史學的大體不變。一方面經世史學替代了考據史學而居於主流，邊疆史地學的興盛、變易思想的貫通都是史學經世的表現；另一方面史學所具備之科學因素亦未受多少削弱而依然傳承，史地學中的證實精神更因事關國家大計而加強。

新文化運動以來，史學直面西方科學的衝擊，本也有良好的發展前景，並在此湧現出大批史學大師，但建國後受政治的操縱至深且重，可謂既不能嚴考據，又難於明經世。其科學性亦大受打擊。改革開放三十年來，去政治化又日甚一日，隨之馬列主義、歷史主義、後現代主義等諸說並起。中國史學向何處

〔註2〕《抱經堂文集》卷二十《與丁小雅傑進士論校正方言書》。

去，無有迷茫如今日之甚者。蓋因喪失了經學的影響後，史學之精神依歸紛然無定，只剩現實國情的外部刺激而缺乏學理上的堅強支持。筆者以為，我們不妨回過頭來，向傳統中尋求幫助。結合本文結論可以看到，乾嘉時期經體史用的關係中，經學上明道經世的追求塑造著世道人心，這種追求通過史學展現給社會，也同樣被史學所證明。如此，經學灌輸給史學以靈魂、理想與價值標準；史學也因此具有了性格、動力與人文關懷。反觀當今史學，既難以為學術而學術，達到學術上的深化；又缺乏人文關懷，脫離社會生活現實。與其說是傳統文化傳承的斷裂，不如說是有清一代學術進路的終結所造成。不若借助乾嘉時學者慣用做法，將傳統經學與現代科學對史學影響折衷之，須部分地向傳統回歸。筆者並非倡導恢復經學，只是希望尋求一種保障史學求真精神與經世傳統的方式，若是傳統中有可資借鑒處，我們亦不妨拿來使用。幸而當今史學已具科學之治學方法、態度與規範，且日漸強化，史學是為科學已成學界共識。有此基礎，只須重拾乾嘉史學的經世宗旨，使二者結合，方不負史學求真之意。今後中國史學的發展，必然會一面堅定地走科學的道路，一面向傳統史學汲取大量的精神營養。

參考文獻

一、古典文獻

1. 《清實錄》（高宗、仁宗朝），北京：中華書局，1985～1986。

2. 趙爾巽等撰《清史稿》，北京：中華書局，1976。

3. 顧炎武著，黃汝成集釋，欒保群、呂宗力校點《日知錄集釋》，上海：上海古籍出版社，2006。

4. 顧炎武《顧亭林詩文集》，北京：中華書局，1983。

5. 顧炎武《亭林文集》（顧廷龍主編，續修四庫全書，集部·別集類），上海：上海古籍出版社，2002。

6. 顧棟高輯，吳樹平、李解民點校《春秋大事表》，北京：中華書局，1993。

7. 程廷祚撰，宋效永校點《青溪集》，合肥：黃山書社，2004。

8. 杭世駿、牛運震等撰《二十二史考論》，北京：北京圖書館出版社，2005。

9. 惠棟《易漢學》，上海：上海古籍出版社，1990。

10. 惠棟撰，鄭萬耕點校《周易述》，北京：中華書局，2007。

11. 惠棟《春秋左傳補注》，北京：中華書局，1991。

12. 惠棟《松崖文鈔》，聚學軒叢書本。

13. 全祖望《鮚埼亭集》，臺北：華世出版社，1977。

14. 全祖望《經史問答》（顧廷龍主編，續修四庫全書，子部·雜家類），上海：上海古籍出版社，2002。

15. 全祖望著，朱鑄禹整理《全祖望集彙校集注》，上海：上海古籍出版社，2000。

16. 戴震《戴震全集》，北京：清華大學出版社，1991。

17. 戴震《戴震文集》，北京：中華書局，1980。

18. 錢大昕著，方詩銘、周殿傑校點《廿二史考異》，上海：上海古籍出版社，2004。

19. 錢大昕《十駕齋養新錄》，南京：江蘇古籍出版社，2000。

20. 錢大昕《潛研堂集》，上海：上海古籍出版社，1989。

21. 錢大昕著，陳文和主編《嘉定錢大昕全集》，南京：江蘇古籍出版社，1997。

22. 王鳴盛著，黃曙輝點校《十七史商榷》，上海：上海書店出版社，2005。

23. 王鳴盛《蛾術編》，北京：商務印書館，1958。

24. 王鳴盛《尚書後案》（顧廷龍主編，續修四庫全書，經部·書類），上海：上海古籍出版社，2002。

25. 趙翼著，王樹民校正《廿二史劄記》，北京：中華書局，1984。

26. 趙翼著，欒保群、呂宗力校點《陔餘叢考》，石家莊：河北人民出版社，1990。

27. 趙翼《清朝武功紀盛》，臺北：文海出版社，1967。

28. 紀昀著，孫致中等校點《紀曉嵐文集》，石家莊：河北教育出版社，1991。

29. 汪紱《雙池文集》（顧廷龍主編，續修四庫全書，集部·別集類），上海：上海古籍出版社，2002。

30. 沈大成《學福齋集》（顧廷龍主編，續修四庫全書，集部·別集類），上海：上海古籍出版社，2002。

31. 陸燿《切問齋文鈔》，光緒十八年江蘇書局重刊本。

32. 王昶《春融堂集》，嘉慶十二年刻本。

33. 章學誠著，葉瑛校注《文史通義校注》，北京：中華書局，1985。

34. 章學誠《章氏遺書》，北京：文物出版社，1985。

35. 李慈銘撰，由雲龍輯《越縵堂讀書記》，北京：中華書局，2006。

36. 盧文弨著，王文錦點校《抱經堂文集》，北京：中華書局，1990、2006。

37. 洪亮吉《春秋左傳詁》，上海：上海古籍出版社，1994。

38. 翁方綱《復初齋文集》，臺北：文海出版社，1969。

39. 崔述著，顧頡剛編訂《崔東壁遺書》，上海：上海古籍出版社，1983。

40. 汪中著，田漢雲點校《新編汪中集》，揚州：廣陵書社，2005。

41. 焦循《雕菰樓集》，道光四年阮氏刻本。

42. 焦循《雕菰集》，北京：中華書局，1985。

43. 畢沅主編《經訓堂叢書》，乾隆間鎮洋畢氏刊本。

44. 阮元撰，鄧經元點校《揅經室集》，北京：中華書局，1993。

45. 阮元等撰集《經籍纂詁》，北京：中華書局，1982。

46. 阮元主編《皇清經解》，道光九年學海堂刊本。

47. 阮元主編《疇人傳》，北京：商務印書館，1955。

48. 阮元《小滄浪筆談》，北京：中華書局，1985。

49. 段玉裁《經韻樓叢書》，道光間金壇段氏刊本。

50. 汪中著，田漢雲點校《新編汪中集》，揚州：廣陵書社，2005。

51. 江藩《國朝漢學師承記》（附 國朝經師經義目錄，國朝宋學淵源記），中華書局，1983。

52. 王引之撰，中國訓詁學研究會主編《經義述聞》，南京：江蘇古籍出版社，1985。

53. 方東樹《漢學商兌》（顧廷龍主編，續修四庫全書，子部・儒家類），上海：上海古籍出版社，2002。

54. 俞正燮撰，涂小馬、蔡建康等校點《癸巳類稿》，瀋陽：遼寧教育出版社，2001。

55. 紀昀總纂《四庫全書總目提要》，河北人民出版社，2000。

56. 皮錫瑞著，周予同注釋《經學歷史》，北京：中華書局，2008。

57. 皮錫瑞《經學通論》，北京：中華書局，1954。

58. 龔自珍著，王佩諍點校《龔自珍全集》，上海：上海古籍出版社，1999。

59. 開明書店《二十五史補編》，北京：中華書局，1955。

二、近現代專著

1. 徐世昌等編纂，沈芝盈、梁連華點校《清儒學案》，北京：中華書局，2008。

2. 梁啟超《中國近三百年學術史》，北京：中華書局，1989。

3. 梁啟超《清代學術概論》，上海：上海古籍出版社，1998。

4. 梁啟超《論中國學術思想變遷之大勢》，上海：上海古籍出版社，2001。

5. 章太炎、劉師培等《中國近三百年學術史論》，上海：上海古籍出版社，2006。

6. 錢穆《中國近三百年學術史》，北京：中華書局，1986。

7. 柴德賡《史學叢考》，北京：中華書局，1982。

8. 楊向奎《清儒學案新編》，濟南：齊魯書社，1985。

9. 杜維運《清代史學與史家》，北京：中華書局，1988。

10. 杜維運《清乾嘉時代之史學與史家》，臺北：學生書局，1989。

11. 陳祖武《清初學術思辨錄》，北京：中國社會科學出版社，1992。

12. 陳祖武、朱彤窗主編《乾嘉學術編年》，石家莊：河北人民出版社，2005。

13. 陳祖武、朱彤窗《乾嘉學派研究》，石家莊：河北人民出版社，2005。

14. 陳祖武選《乾嘉名儒年譜》，北京：北京圖書館出版社，2006。

15. 王俊義、黃愛平《清代學術與文化》，瀋陽：遼寧教育出版社，1993。

16. 王俊義《清代學術探研錄》，北京：中國社會科學出版社，2002。

17. 陳其泰、李廷勇《中國學術通史》，（清代卷）北京：人民出版社，2004。

18. 汪學群編《清代學問的門徑》，北京：中華書局，2009。

19. 劉墨《乾嘉學術十論》，北京：三聯書店，2006。

20. 羅炳良《清代乾嘉歷史考證學研究》，北京：北京圖書館出版社，2007。

21. 羅炳良《18 世紀中國史學的理論成就》，北京：北京師範大學出版社，2000。

22. 郭康松《清代考據學研究》，武漢：湖北辭書出版社，2001。

23. 張舜徽《清儒學記》，濟南：齊魯書社，1991。

24. 張舜徽《愛晚盧隨筆》，武漢：華中師範大學出版社，2005。

25. 張舜徽《清代揚州學記　顧亭林學記》，武漢：華中師範大學出版社，2005。

26. 張舜徽編《清人筆記條辨》，北京：中華書局，1986。

27. 張舜徽《清人文集別錄》，北京：中華書局，1963。

28. 張舜徽《史學三書平議》，北京：中華書局，1983。

29. 林慶彰主編《乾嘉學術研究論著目錄》（1900～1993），臺北：中央研究院中國文哲研究所籌備處，1995。

30. 許蘇民《顧炎武評傳》，南京：南京大學出版社，2006。

31. 徐定寶《黃宗羲評傳》，南京：南京大學出版社，2002。

32. 王永健《全祖望評傳》，南京：南京大學出版社，1996。

33. 施建雄《王鳴盛學術研究》，北京：北京中國社會科學出版社，2009。

34. 方詩銘、周殿傑《錢大昕》，上海：上海人民出版社，1986。

35. 張濤、鄧聲國《錢大昕評傳》，南京：南京大學出版社，2006。

36. 王記錄《錢大昕的史學思想》，北京：社會科學文獻出版社，2004。

37. 董蓮池《段玉裁評傳》，南京：南京大學出版社，2006。

38. 陳金陵《洪亮吉評傳》，北京：中國人民大學出版社，1995。

39. 支偉成《清代樸學大師列傳》，長沙：嶽麓書社，1998。

40.〔美〕艾爾曼著，趙剛譯《從理學到樸學——中華帝國晚期思想與社會變化面面觀》，南京：江蘇人民出版社，1995。

41.〔美〕艾爾曼著，趙剛譯《經學、政治和宗族——中華帝國晚期常州今文學派研究》，南京：江蘇人民出版社，1998。

42. 鮑永軍《史學大師章學誠傳》，杭州：浙江人民出版社，2007。

43. 吳天任《章實齋的史學》，臺北：臺灣商務印書館，1979。

44. 倉修良、葉建華《章學誠評傳》，南京：南京大學出版社，1996。

45. 李開《戴震評傳》，南京：南京大學出版社，1992。

46. 李開《惠棟評傳 附惠周惕、惠士奇評傳》，南京：南京大學出版社，1997。

47. 余英時《論戴震與章學誠——清代中期學術思想史研究》，北京：三聯書店，2000。

48. 周積明《紀昀評傳》，南京：南京大學出版社，1994。

49. 張維屏《紀昀與乾嘉學術》，臺北：國立臺灣大學出版委員會，1998。

50. 杜維運《趙翼傳》，臺北：時報文化出版事業公司，1983。

51. 趙興勤《趙翼評傳》，南京：南京大學出版社，2002。

52. 白興華《趙翼史學新探》，北京：中華書局，2005。

53. 王鳳賢、丁國順著《浙東學派研究》，杭州：浙江人民出版社，1993。

54. 周予同《經今古文學》，北京：中華書局，1955。

55. 周予同《周予同經學史論著選集》，上海：上海人民出版社，1983。

56. 胡楚生《清代學術史研究》，臺北：臺灣學生書局，1994。

57. 管敏義主編《浙東學術史》，上海：華東師範大學出版社，1993。

58. 歐陽哲生編《胡適文集》，北京：北京大學出版社，1998。

59. 吳量愷《崔述評傳》，南京：南京大學出版社，2001。

60. 呂思勉《論學集林》，上海：上海教育出版社，1987。

61. 陳居淵《焦循 阮元評傳》，南京：南京大學出版社，2006。

62. 王章濤著《凌廷堪傳》，揚州：廣陵書社，2007。

63. 劉家和《史學經學與思想》，北京：北京師範大學出版社，2005。

64. 吳雁南等主編《中國經學史》，福州：福建人民出版社，2001。

65. 王記錄《中國史學思想通史》（清代卷），合肥：黃山書社，2002。

66. 吳天任《章實齋的史學》，臺北，臺灣商務印書館，1979。

67. 劉墨《乾嘉學術的知識譜系》，南京師範大學博士論文，2003。

68. 劉建臻《清代揚州學派經學研究》，揚州大學博士論文，2003。

69. 許凌雲《經史因緣》，濟南：齊魯書社，2002。

70. 湯勤福《朱熹的史學思想》，濟南：齊魯書社，2000。

71. 任冠文《李贄史學思想研究》，桂林：廣西師範大學出版社，1999。

三、相關論文

1. 楊向奎《清代的今文經學》，清史論叢，第一輯，北京：中華書局，1979.08。

2. 陳祖武《乾嘉學派吳皖分野說商榷》，貴州社會科學，1992.07。

3. 陳祖武《乾嘉學術與乾嘉學派》，文史知識，1994.09。

4. 陳祖武《關於乾嘉學派研究的幾個問題》，文史哲，2007.02。

5. 陳其泰《論嘉道時期學術風氣的新舊推移》，中國史研究，1998.04。

6. 周積明《乾嘉時期的學統重建》，江漢論壇，2002.06。

7. 葉建華《浙東史學流派簡史》，浙江學刊，1990.06。

8. 李喜所《鴉片戰爭前的今文經學與經世致用思潮》，社會科學研究，1998.04。

9. 羅炳良《清代乾嘉史家史學批評方法論的幾個問題》，河北學刊，1999.02。

10. 羅炳良《經世致用傳統與乾嘉時期的歷史編纂學》，大連大學學報，2009.04。

11. 羅炳良《略論乾嘉史家的考史方法》，求是學刊，2000.01。

12. 羅炳良《18世紀中國史家的史學批評方法論》，史學理論研究，1999.03。

13. 羅炳良《清代乾嘉史家的「實事求是」方法論》，安慶師範學院學報（社會科學版），2007.01。

14. 施建雄《乾嘉學術兩種風格的統一──略論王鳴盛的治史特點》，西南師範大學學報（人文社會科學版），2006.07。

15. 武少民《周予同論清代今文經學》，古籍整理研究學刊，2009.02。

16. 吳義雄《清代中葉今文經學派學術思想論略》，中山大學學報（社會科學版），1993.02。

17. 吳雁南《清代經學的特點》，中州學刊，1990.02。

18. 丁原明《清代今文經學淺論》，山東社會科學，1995.06。

19. 張晶萍《乾嘉史風的經學淵源》，歷史教學問題，1992.05。

20. 張晶萍《論乾嘉考據學的經史關係》，湖南教育學院學報，1999.06。

21. 汪高鑫《論「通經致用」的經學傳統》，安徽大學學報（哲學社會科學版），2009.03。

22. 汪高鑫《論中國古代的經學與史學》，寧夏社會科學，2009.01。

23. 向燕南《從「榮經陋史」到「六經皆史」——宋明經史關係說的演化及意義之探討》，史學理論研究，2001.04。

24. 董鐵松《論清代今文經學的歷史作用》，東北師大學報（哲學社會科學版），2001.01。

25. 劉桂生《經學與史學》，中國文化研究，2006，春之卷。

26. 陸振岳《關於清代今文經學的幾個問題》，蘇州大學學報（哲學社會科學版），1994.01。

27. 雷平《從經學復興到乾嘉考據學派的形成》，湖北大學學報（哲學社會科學版），2008.11。

28. 魏長寶《顧炎武與乾嘉學派》，江漢論壇，2000.03。

29. 王俊義《論乾嘉學派的學術成就與歷史局限》，社會科學輯刊，1991.02。

30. 王俊義《錢大昕學術思想述略——兼論對乾嘉學者的評價問題》，史學集刊，1984.01。

31. 王俊義《關於乾嘉學派的成因及派別劃分之商榷》，中國社會科學院研究生院學報，1995.03。

32. 王俊義《顧炎武與清代考據學》，貴州社會科學，1997.02。

33. 王冬芳《關於乾嘉學派歷史貢獻之我見》，安徽史學，1992.03。

34. 劉益安《論乾嘉考據學派的歷史作用及批判繼承問題》，學術月刊，1965.01。

35. 羅思鼎《論乾嘉考據學派及其影響》，學術月刊，1964.05。

36. 黃愛平《乾嘉時期的社會變化與經世主張》，清史研究，1997.02。

37. 黃愛平《論清代乾嘉時期的經世思潮》，中國哲學史，1997.04。

38. 黃愛平《乾嘉漢學治學宗旨及其學術實踐探析——以戴震、阮元為中心》，清史研究，2002.08。

39. 黃愛平《試論乾嘉學者的文獻研究與義理探索——以凌廷堪、阮元為中心》，理論學刊，2004.09。

40. 陳寒鳴、楊菊芹《乾嘉漢學家的經學思維方式及其政治意義》，中國社會科學院研究生院學報，1997.04。

41. 暴鴻昌《乾嘉考據學流派辨析——「吳派」、「皖派」說質疑》，史學集刊，1992.03。

42. 暴鴻昌《清代史學經世致用思潮的演變》，中國社會科學院研究生院學報，1991.01。

43. 李葆華《乾嘉考據學者的理想追求》，求是月刊，1993.05。

44. 朱端強《乾嘉學派治學方法簡論》，歷史教學，1981.06。

45. 倉修良《試論乾嘉史學》，史學史研究，1981.03。

46. 楊緒敏《清初與乾嘉時期學風的嬗變及學者治學特點》，江蘇社會科學，2001.05。

47. 楊緒敏《論清代學風及學者治學方法的變化》，江蘇社會科學，2007.01。

48. 陳居淵《乾嘉「吳派」新論》，社會科學戰線，1995.05。

49. 姜廣輝《略論明清時期的考據學思潮》，湖南大學學報（社會科學版），2007.03。

50. 章權才《關於清經學史的若干思考》，學術研究，2002.02。

51. 牟潤孫《錢大昕著述中論政微言》（注史齋叢稿），北京：中華書局，1987.03。

52. 吳元劍《《十駕齋養新錄》與《日知錄》學術傾向的異同》，史學史研究，1991.03。

53. 虞萬里《從十駕齋說到錢大昕及其《全集》》，中國典籍與文化，1999.03。

54. 施丁《錢大昕「實事求是」史學（上篇）》，求是學刊，2001.05。

55. 施丁《錢大昕「實事求是」史學（下篇）》，求是學刊，2001.07。

56. 王記錄《錢大昕是吳派嗎？——兼談乾嘉學術派別問題》，河南師範大學學報（哲學社會科學版），1995.05。

57. 王記錄、孫新梅《錢大昕的經學批評》，河南師範大學學報（哲學社會科學版），2005.09。

58. 王記錄、馬小能《錢大昕學術淵源辨析》，蘭州學刊，2007.04。

59. 王記錄《錢大昕對乾嘉士風與學風的批判》，鄭州輕工業學院學報（社會

科學版），2007.10。

60. 張濤《錢大聽的易學成就》，周易研究，2006.01。

61. 呂友仁《錢大聽及其《潛研堂文集》述評》，上海師範大學學報，1986.04。

62. 李海生《錢大昕經學研究評述‧安徽大學學報》（哲學社會科學版），2005.07。

63. 王樹民《錢大昕學術思想述評‧河北師院學報》（社會科學版），1997.01。

64. 黃愛平《錢大昕與乾嘉考據史學》，清史研究，1993.03。

65. 王俊義《錢大昕寓義理於訓詁的義理觀探討》，中國文化研究，2002，春之卷。

66. 楊緒敏《錢大昕趙翼社會政治主張評述》，徐州師範大學學報（哲學社會科學版），1988.02。

67. 戴逸《乾嘉史學大師錢大昕》，文史哲，1997.03。

68. 治英《從《廿二史考異》《自序》看錢大昕的治學態度》，教學與研究，1962.05。

69. 張連生《《十七史商榷》的歷史考據學方法與成就》，東北師大學報（哲學社會科學版），2006.06。

70. 劉玲《《十七史商榷》「求實觀」摭談》，徐州師範大學學報（哲學社會科學版），2006.07。

71. 劉玲《論《十七史商榷》的「經世」意識》，史學史研究，2008.04。

72. 陳冬冬《《十七史商榷》史評問題新論》，瀋陽大學學報，2008.02。

73. 王樹民《王鳴盛的經史之學》，河北師範大學學報（哲學社會科學版），1998.07。

74. 穆益斌《王鳴盛的史學思想》，蘇州大學學報（哲學社會科學版），1984.01。

75. 羅炳良《王鳴盛史論性質商榷》，學術研究，2001.08。

76. 柴德賡《王西莊與錢竹汀》，史學史研究，1979.03。

77. 趙建玲《從《廿二史箚記》看趙翼的歷史觀》，浙江師大學報（社會科學版），2000.01。

78. 劉玲娣《從趙翼論宋遼金三史看其史學思想》，信陽師範學院學報（哲學社會科學版），2002.06。

79. 李金堂《讀趙翼《廿二史箚記》書後》，史學史研究，1987.04。

80. 陳鵬鳴《經世致用：趙翼史學的價值取向》，清史研究，1996.02。

81. 袁英光《略論清乾嘉時趙翼的史學》，歷史教學問題，1991.04。

82. 劉開軍《略論趙翼與王鳴盛對「前四史」的批評》，東嶽論叢，2009.05。

83. 叢靜《論趙翼的歷史觀與治史方法》，遼寧師範大學學報（社科版），1996.05。

84. 趙興勤《論趙翼對史傳敘事方法的探究》，河池學院學報，2006.12。

85. 趙興勤《論趙翼的史學主張——趙翼史學新探之二》，河池學院學報，2007.02。

86. 趙興勤《清代學術與趙翼的治學特點——趙翼文史新探之七》，河池學院學報，2008.02。

87. 趙興勤《趙翼「向來嫌理學」思想的內蘊——趙翼文史哲新探之九》，河池學院學報，2008.08。

88. 白興華《趙翼的史學批評》，史學史研究，1999.03。

89. 白興華《論趙翼評價歷史人物》，北京師範大學學報（人文社會科學版），2000.03。

90. 陳冬冬、趙翎《趙翼《陔餘叢考》散論》，湖北經濟學院學報（人文社會科學版），2006.08。

91. 劉及佳《趙翼的《廿二史箚記》》，史學史研究，1980.04。

92. 羅炳良《趙翼對野史文獻的認識與利用》，安慶師範學院學報（社會科學版），2001.11。

93. 雷大受《趙翼及其史學著作》，首都師範大學學報（社會科學版），1980.03。

94. 鄭志峰《趙翼論皇帝與皇權——以《廿二史箚記》為側重》，北方論叢，2008.05。

95. 葉建華《趙翼論修史》，浙江學刊，1988.02。

96. 張愛芳《趙翼論正史編撰》，河北學刊，2001.03。

97. 宋學勤《趙翼史倫的近代價值》，鄭州大學學報（哲學社會科學版），2003.07。

98. 宋學勤《趙翼治史的求真精神》，史學月刊，2003.11。

99. 許蘇民《趙翼與中國史學的近代轉型》，社會科學戰線，2003.02。

100. 王俊義《乾嘉揚州學派的特色》，中國人民大學學報，1990.01。

101. 郭明道《清代教育改革家阮元——阮元研究之三》，揚州師院學報（哲學社會科學版），1990.04。

102. 郭明道《阮元對乾嘉漢學的貢獻》，史學月刊，1992.02。

103. 郭明道《阮元的學術淵源和治學宗旨》，揚州大學學報（人文社會科學版），2005.09。

104. 郭明道《阮元對清代學術的貢獻》，求索，2005.10。

105. 郭明道《阮元與清代學風》，江海學刊，2006.05。

106. 郭明道《揚州學派的實學思想及實踐》，社會科學戰線，2006.04。

107. 《江蘇藝文志·州卷》編寫組《清代揚州經學家及其著述》，揚州師院學報（哲學社會科學版），1992.04。

108. 鍾玉發《阮元與清代今文經學》，史學月刊，2004.09。

109. 〔美〕艾爾曼（著），車行健（譯）《學海堂與今文經學在廣州的興起》，湖南大學學報（社會科學版），2006.03。

110. 陳東輝《阮元的學術地位與成就》，杭州師範學院學報，1991.03。

111. 余新華《阮元的學術淵源和宗旨》，中國人民大學學報，1998.03。

112. 余新華《阮元的經解》，文史哲，2000.01。

113. 彭林《阮元實學思想叢論》，清史研究，1999.03。

114. 黃愛平《阮元學術述論》，史學集刊，1992.01。

115. 章權才《阮元與清代經學》，學術研究，2000.08。

116. 陳居淵《論阮元的經學思想》，中國哲學史，2004.01。

117. 朱戟《清代揚州學者阮元》，揚州大學學報（人文社會科學版），1981.04。

118. 祁龍威《清乾嘉後期揚州三儒學術發微》，揚州大學學報（人文社會科學版），2000.03。

119. 韓文寧《我國科學家傳記的開山之作——阮元與《疇人傳》》，圖書與情報，2000.01。

120. 李谷鳴《戴震「治學」概論》，安徽教育學院學報（社會科學版），1992.01。

121. 王記錄、王彩霞《戴震的史學思想和治學方法》，蘭州學刊，2006.03。

122. 劉誠、周增權《戴震的治學方法》，北京社會科學，1987.04。

123. 陸忠發《戴震對清代以來中國學術研究的影響》，江淮論壇，2002.06。

124. 孫以昭《戴震經學方法論初探》，安徽大學學報（社會科學版），1979.02。

125. 楊應芹《戴震與江永》，安徽大學學報（哲學社會科學版），1995.04。

126. 汪學群《論惠棟復興漢儒易學的學風》，中國史研究，2005.04。

127. 三英《惠棟的治學思想》，社會科學輯刊，1993.03。

128. 孫運君《清代今文經學興起考——以惠棟、戴震、張惠言為中心》，船山學刊，2005.04。

129. 王應憲《惠士奇：清代廣東經學的開拓者》，嶺南文史，2006.03。

130. 劉益安《論章學誠對乾嘉考據學的批判》，學術月刊，1964.05。

131. 申屠爐明《論章學誠與錢大昕學術思想的異同》，社會科學戰線，2001.06。

132. 李江輝《「六經皆史」與章學誠對乾嘉考據學風的反思》，湖南大學學報（社會科學版），2007.03。

133. 郭明道《論章學誠的史學思想》，甘肅社會科學，2006.05。

134. 張維《論章學誠、姚鼐對考據學的態度》，廣西社會科學，2004.02。

135. 王河江、張虹萍《淺析章學誠「六經皆史」的歷史作用》，黑龍江教育學院學報，2007.01。

136. 施丁《章學誠的史學思想》，史學史研究，1981.03。

137. 陳少揚《章學誠史學思想分析》，襄樊學院學報，2000.01。

138. 張瑞龍《「六經皆史」論與晚清民國經史關係變遷研究》，中國文化研究，2005，冬之卷。

139. 劉巍《經典的沒落與章學誠「六經皆史」說的提升》，近代史研究，2008.02。

140. 王記錄《六經的意義與史學變革——對章學誠六經皆史論的再認識》，山西師大學報（社會科學版），2002.10。

141. 羅炳良《評章學誠的史學史觀念》，史學史研究，2001.02。

142. 葉建華《試論章學誠的社會政治思想》，史學月刊，1994.05。

143. 蔣國保《黃宗羲與浙東經史學術傳統的確立》，杭州師範學院學報（社會科學版），2006.02。

144. 蔣國保《章學誠「六經皆史」說新論》，華東師範大學學報（哲學社會科學版），2007.11。

145. 倉修良《章學誠的「成一家之言」》，史學史研究，1994.02。

146. 張孟倫《章學誠的史學》，華南師範大學學報（社會科學版），1984.03。

147. 吳懷祺《章學誠的易學與史學》，史學史研究，1997.01。

148. 俞兆鵬《章學誠的治學思想》，學術月刊，1981.05。

149. 楊豔秋《章學誠對戴震的學術評價》，南開學報（哲學社會科學版），2007.03。

150. 陳鵬鳴《章學誠史學批評的目的與方法》，史學理論研究，1995.04。

151. 王琰《章學誠與《校讎通義》》，濟寧師專學報，1998.06。

152. 梁一群《章學誠與戴震之間學術思想影響述議》，寧波大學學報（人文科學版），2005.11。

153. 暴鴻昌《章學誠與乾嘉考據學派》，北方論叢，1994.04。

154. 暴鴻昌《章學誠與浙東學派關係考辨》，齊魯學刊，1994.03。

155. 傅振倫《章學誠在史學上的貢獻》，史學月刊，1964.09。

156. 劉乃和《陳宏謀與考據》，北京師範大學學報，1962.02。

157. 林存陽《秦蕙田與《五禮通考》》，北京聯合大學學報（人文社會科學版），2005.12。

158. 王繼《畢秋帆述評》，蘭州大學學報（社會科學版），1983.02。

159. 郭友亮《畢沅史學成就述略》，商丘師範學院學報，2008.05。

160. 孫運君《評畢沅的歷史學貢獻》，遼寧大學學報（哲學社會科學版），2002.09。

161. 莊華峰《程瑤田的漢學成就與治學精神》，清史研究，2000.02。

162. 陶懋炳《崔述《考信錄》初探》，史學史研究，1984.01。

163. 韋勇強《崔述《考信錄》堅守的「求真」「致用」原則》，廣西師範大學學報（哲學社會科學版），2009.10。

164. 羅炳良《崔述的史考與史識》，史學史研究，2006.03。

165. 牛潤珍《清代考信學家崔述簡論》，史林，1988.04。

166. 路新生《崔述思想體系初探》，社會科學戰線，1991.01。

167. 路新生《論崔述的超家派治學解經法》，江淮論壇，1987.04。

168. 趙光賢《崔述在古史辨偽上的貢獻和局限》，史學史研究，1991.02。

169. 趙光賢《崔述在中國史學史上的地位》，北京師範大學學報（哲學社會科學版），1992.05。

170. 陳其泰《論崔述的古史新說及其價值觀》，河北學刊，1987.06。

171. 邵東方《論崔述的考據學與清代漢學之關係》，清史研究，1998.01。

172. 劉盼遂《段玉裁先生年譜》，清華大學學報（自然科學版），1932.02。

173. 許結《方東樹《漢學商兌》的通經致用思想》，安徽師大學報（哲學社會科學版），1986.02。

174. 李贄《方東樹與十九世紀的漢學批評》，史學集刊，2002.07。

175. 姜廣輝《乾嘉漢學再評價——兼評方東樹對漢學的回應》，哲學研究，1994.02。

176. 祁龍威《關於乾嘉學者王念孫》，學術月刊，1962.07。

177. 王新環《洪亮吉經世主張略論》，樂山師範學院學報，2006.07。

178. 周祚紹《論乾嘉之際的社會問題和洪亮吉的實學思想》，山東大學學報（哲學社會科學版）1995.04。

179. 朱清如《洪頤煊與《諸史考異》》，武陵學刊，1998.02。

180. 賈慧如《略論洪頤煊的學術生涯與治學特點》，西北民族大學學報（哲學社會科學版），2009.04。

181. 常德江《紀昀》，河北學刊，1983.01。

182. 周積明《紀昀思想片論》，東南文化，1993.04。

183. 王樹民《江藩的學術思想及漢學與宋學之爭》，河北師範大學學報（社會科學版），1999.04。

184. 王應憲《江藩論今文經學》，華夏文化，2006.04。

185. 陳居淵《論焦循《易》學的通變與數理思想》，周易研究，1994.02。

186. 陳居淵《焦循道德理想的易學詮釋》，中華文化論壇，2003.02。

187. 陳居淵《焦循的數理思想與乾嘉學術》，孔子研究，2004.05。

188. 劉建臻《焦循易學宗旨管窺》，揚州大學學報（人文社會科學版），2003.05。

189. 黃愛平《凌廷堪學術述論》，清史研究通訊，1990.03。

190. 秦文《凌廷堪歷史學說綜論》，貴州師範大學學報（社會科學版），2002.03。

191. 路新生《凌廷堪與戴學》，史林，2008.03。

192. 陸振嶽《孔廣森的公羊學》，孔子研究，1987.04。

193. 陳居淵《論孔廣森與劉逢祿的公羊學研究》，孔子研究，1995.01。

194. 陳其泰《孔廣森的公羊學著述及其誤區》，孔子研究，1996.02。

195. 陸振嶽《劉逢祿的公羊學》，蘇州大學學報（哲學社會科學版），1992.03。

196. 陳其泰《劉逢祿對公羊學說的出色建樹》，北京師範大學學報（社會科學版），1997.05。

197. 湯其領《劉逢祿與春秋公羊學之復興》，徐州師範大學學報（哲學社會科學版），2001.12。

198. 黃愛平《劉逢祿與清代今文經學》，清史研究，1995.01。

199. 申屠爐明《論劉逢祿春秋公羊學的特色》，南京大學學報（哲學‧人文科

學‧社會科學），2000.02。

200. 李峻岫《劉台拱學行考述》，雲夢學刊，2005.09。

201. 徐光仁《全祖望在清代史學上的貢獻》，學術研究，1963.02。

202. 謝國楨《清代卓越的史學家全祖望》（明末清初的學風，頁 211～224），
     北京：人民出版社，1982。

203. 李向軍《全祖望治史述論》，遼寧大學學報，1984.05。

204. 盧鍾峰《論黃宗義、全祖望的學術傾向》，史學史研究，1986.01。

205. 呂建楚《全祖望和他的《鮚埼亭集》》，浙江師範大學學報（社會科學版），
     1988.02。

206. 陳其泰《全祖望與清代學術》，中國社會科學院研究生院學報，1992.02。

207. 汪建豐、陳欣《全祖望史學思想探析》，浙江學刊，2005.02。

208. 李美惠《全祖望經學思想初探》，樂山師範學院學報，2009.02。

209. 〔日〕楊啟樵《論全謝山史學的精髓》，清史研究，1994.02。

210. 朱樂朋《盧文弨文化活動年表》，濰坊學院學報，2006.01。

211. 陳修亮《盧文弨校勘學思想與方法》，古籍整理研究學刊 2005.01。

212. 魏哲明《論盧文弨校勘學的原則和方法》，西北大學學報（哲學社會科學
     版），1995.02。

213. 許殿才《盧文弨校勘學述》，史學史研究，1988.03。

214. 何兆龍《盧文弨校書方法探索》，浙江學刊，1983.03。

215. 吳明霞《論清代學者臧庸的學術成就》，中國典籍與文化，2000.04。

216. 漆永祥《乾嘉考據學家臧庸》，西北師大學報（社會科學版），1995.09。

217. 張晶萍《論孫星衍的學術思想與用世精神》，湘潭大學學報（哲學社會科
     學版），2007.05。

218. 董恩林《論王念孫父子的治學特點與影響》，古籍整理研究學刊，2007.05。

219. 倉修良《邵晉涵史學概述》，史學史研究，1982.03。

220. 羅炳良《邵晉涵史學批評述論》，北方工業大學學報，1997.06。

221. 羅炳良、朱鍾頤《邵晉涵學術述論》，湖南教育學院學報，1998.02。

222. 羅炳良《邵晉涵對宋史研究的重要貢獻》，求是學刊，1999.01。

223. 顏建華《汪中著述及佚作述略》，湖南大學學報（社會科學版），2004.05。

224. 暴鴻昌《朱筠與乾嘉學術風氣》，北方論叢，1997.06。

225. 劉桂生《從莊存與生平看清初公羊學之起因》，周一良先生八十生日紀念

　　　論文集，北京：中國社會科學出版社，1993。

226. 王裕明《莊存與經學思想淵源簡論》，學海，1999.04。

227. 田漢雲《試論莊存與的《春秋正辭》》，清史研究，2000.01。

228. 黃開國《莊存與的經學思想》，四川大學學報（哲學社會科學版），2005.03。

229. 黃開國《莊存與時代的學術與他的經學道路》，中華文化論壇，2005.02。

230. 王秋月《莊存與和清代今文經學的復興》，泰山學院學報，2009.01。

231. 湯仁澤《清代今文經學諸問題——兼論莊存與和今文學派》，學術月刊，
　　　2002.02。

232. 劉清陽《俞正燮的社會思想》，西北大學學報（哲學社會科學版），1984.04。

233.《張承宗俞正燮的治學方法與邊疆史地研究》，安徽史學，1987.02。

234.《張承宗俞正燮史論史考中的政治經濟見解》，貴州師範大學學報（社會
　　　科學版），1992.02。

235. 黃開國、魯智金《莊述祖的經學思想》，杭州師範學院學報（社會科學版），
　　　2006.03。

236. 羅志田《方法成了學名：清代考據何以成學》，文藝研究，2010.02。

237. 胡適《清代學者的治學方法》，歐陽哲生編《胡適文集（2）》，北京：北京
　　　大學出版社，1998。

238. 楊翼驤《論中國古代史學理論的思想體系》，學忍堂文集，北京：中華書
　　　局 2002.11。